# 메타버스로 로그인하라

## 게더타운·젭·스팟 플랫폼 사용설명서

**" 미래를 견인할 새로운 동력**

# 메타버스

어떤 사람들은 '전쟁과 평화'를 읽고 단순한 모험 이야기라고 생각해 버리죠.
하지만 어떤 사람들은 껌 포장지에 쓰인 재료를 읽고 우주의 비밀을 풀 수 있습니다.

| 영화, 레디 플레이어 원(2018) 중에서 |

COVID-19가 초래한 언택트 시대에 '메타버스'가 새로운 화두로 떠오르고 있습니다. 물리적 공간에서의 만남이 어려워지자 사람들은 자연스레 디지털 공간으로 시선을 옮겼고 교육, 문화 산업 등에서는 메타버스 플랫폼을 이용해 교실을 만들거나 전시회장을 만들어 가상공간으로 사람들을 불러 모았습니다. 전문가들은 현재 메타버스의 기술은 불완전하기 때문에 지속적인 모니터링과 보완이 이루어져야 한다고 평가합니다. 메타, 구글, 마이크로소프트 등의 빅테크 기업들도 이러한 점을 유념해 새로운 메타버스 플랫폼을 만드는 데 전념하고 있습니다.

이 책은 최근 온·오프라인에서 많은 관심을 받고있는 메타버스에 대한 안내서입니다. 독자들에게 메타버스의 개념부터 대표 플랫폼을 이용한 가상공간 구축 방법까지 메타버스의 과거와 현재 그리고 미래를 다양한 시각으로 바라볼 수 있도록 내용을 구성했습니다.

이 책의 2부부터 4부는 메타버스 대표 플랫폼 게더타운, 젭, 스팟의 사용 설명을 담았습니다. 친절한 설명과 이미지 등을 덧붙여 입문자도 이해하기 쉽도록 구성했고 소소하지만 유용한 팁도 본문에 담았습니다. 2021년 출시되자마자 유행처럼 사용되었던 게더타운과 후발주자이지만 스크립트 기능으로 무섭게 시장을 장악하고 있는 국내 2차원 메타버스 플랫폼 젭(Zep) 그리고 3차원 메타버스 플랫폼으로 현재 많은 가능성을 보여주고 있는 스팟을 차례대로 소개합니다.

최대한 쉽게 쓰려고 노력했지만, 플랫폼 이용이 처음이라면 낯선 인터페이스에 어색하고 당황할 수 있습니다. 그러나 책을 따라 조금씩 연습하다보면 언젠가 성취감과 뿌듯함도 느끼실 수 있을 겁니다.

메타버스 플랫폼은 이제 막 시작 단계입니다. 그래서 짧게는 일주일 길면 수개월에 한 번씩 사용자의 피드백을 참고해 플랫폼 업데이트가 진행됩니다. 이런 빠른 발전은 어쩌면 이 책을 순식간에 옛 책으로 만들어 버릴 수도 있습니다. 하지만 지금 사람들이 많이 사용하고 있는 플랫폼에 대한 지식을 얻을 수 있고 직접 사용해 봄으로 미래의 트렌드를 읽어볼 수 있습니다.

책의 기초 자료를 모으는 데 도움을 주신 박영숙, 이서영 선생님과 업데이트되는 신생 플랫폼을 출간 전까지 확인하며 마무리 해주신 윤명희, 이기정 선생님 그리고 에듀벤처라는 이름으로 한데 모여 교육의 패러다임을 바꾸어나가고 있는 모든 선생님께 깊은 감사의 인사를 전합니다.

2022년 8월

대표 저자 김 정 준

## 3부  젭[ZEP]

360°

## 4부     스팟[Spot]

# 1

## 메타버스의 탄생

### Metaverse

# 메타버스가 무엇이길래?

## 메타버스의 시대

COVID-19 팬데믹으로 평범했던 일상이 무너진 세상에 새로운 우주(Universe)가 시작됐습니다. 바로 메타버스(Metaverse)입니다. 작년 한 해 대한민국은 물론 전 세계는 메타버스에 주목하며 열광했습니다. 메타버스를 제일 오랫동안 준비한 페이스북(Facebook)은 2014년 이미 VR 장비 제조업체인 퀘스트(Quest) 사를 합병했으며, 2021년 10월 사명을 메타(Meta)로 변경한 후 메타버스 전문 기업이 되겠다고 선언했습니다. 같은 해 12월 12일 그들은 첫 메타버스 플랫폼인 '호라이즌 월즈(Horizon Worlds)'를 발표하고 대대적인 홍보를 이어 나갔습니다.

미국의 명문 대학인 UC 버클리는 코로나 이후 졸업식을 연기했다가 2020년 5월 마인크래프트(Minecraft) 플랫폼을 이용해 메타버스 졸업식을 진행했습니다. 한국에서도 2021년 3월 순천향대학교에서 SK의 메타버스 플랫폼을 이용해 가상 입학식을 개최해 큰 화제가 되었습니다.

출처 UC 버클리 유튜브

▲ 마인크래프트에서 진행된 2020년 UC 버클리 졸업식

출처 순천향대 TV

▲ 이프렌드에서 진행된 2020년 순천향대 입학식

졸업식뿐만 아니라 미국의 제46대 대통령 조 바이든은 선거 운동 당시 자신의 대선캠프를 닌텐도 게임 '동물의 숲'에 만들어 MZ세대(1981~1996년대 출생자)의 표심을 잡기 위해 노력하기도 했습니다.

출처 조 바이든 선거 캠프 홈페이지

▲ 닌텐도 게임 '동물의 숲'에 만들어진 조 바이든 대통령 후보의 선거 캠프

2021년 가장 많이 언급된 3차원 메타버스 회사 중 하나였던 로블록스(Roblox)는 간단한 프로그래밍으로 자신만의 게임을 만들고 서비스해 경제 활동도 가능합니다. 일례로 넷플릭스의 '오징어 게임'이 인기를 끌자 드라마에 등장한 게임을 그대로 재현하려고 하는 크리에이터들이 급증했으며 누가 더 게임을 완벽하게 만드는지 경연 대회가 열린 것처럼 수 백 개의 오징어게임 관련 콘텐츠가 플랫폼에 등록되기도 했습니다.

▲ 로블록스에서 구현한 드라마 오징어게임의 한 장면

이러한 현상은 재미를 추구하는 사람들끼리 가상의 공간에 한데 어우러져 즐긴 독특한 경험이 축적되었기에 가능했다고 생각합니다. 그리고 COVID-19는 게임뿐만 아니라 업무 환경에도 많은 변화를 초래하게 되었는데 단순히 카메라에 얼굴만 비추는 화상회의가 아닌 상호작용이 가미된 플랫폼들이 많이 등장했습니다.

그중 가장 대표적인 플랫폼이 게더타운(Gather Town)입니다. 게더타운은 원래 2차원의 새로운 공간에 사람들이 모여 업무 얘기도 하며 놀기 위해 만든 플랫폼이었는데 입소문을 타며 많은 사람들의 주목을 받게 됩니다. 2021년 3월 정식 오픈을 하자마자 260만 달러의 투자를 받게 되고 같은 해 11월에 추가 투자를 받아 현재 총 760만 달러(약 94억 원)의 투자 가치가 있는 예비 유니콘 기업이 되었습니다.[1] 우리나라에서는 게더타운으로 학교 및 기업 행사를 개최하며 알려지기 시작해 2022년 1월에는 한국지부도 설립되었습니다.

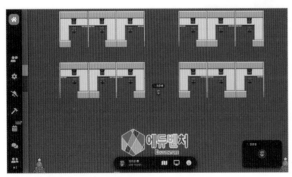

▲ 게더타운의 에듀벤처 가상 오피스

---

1 크런치베이스에서 '게더타운'을 검색한 결과. 크런치베이스는 기업의 설립일, 펀딩정보, 웹 사이트 랭킹 등이 정리되어 간단한 기업 분석을 할 때 참고하는 사이트이다(https://www.crunchbase.com/organization/gather-4189/company_financials).

게더타운 외에도 메타버스 플랫폼으로 한국에서는 모바일 앱을 기반으로 한 네이버 Z의 제페토(Zepeto), SK의 이프랜드(ifland)가 있고 최근에 네이버 Z와 슈퍼캣이 합작해 만든 젭(Zep)이 베타 서비스를 끝내고 정식 출시됐습니다. 이런 3차원의 가상 공간 플랫폼들이 많아지게 된 것은 화상회의에서 느꼈던 갈증을 채우기 위함이라 생각합니다. 'Google Meet'이나 'Zoom'과 같은 2차원의 화상회의는 회의실이나 강의실에서 느낄 수 있던 공간감, 실제성, 에너지, 유대감, 케미스트리(Chemistry)를 전달할 수 없기 때문입니다.

최근 마이크로소프트는 마이크로소프트 팀즈(Microsoft Teams)를 기반으로 한 통합 메타버스 플랫폼을 개발하고 있다고 깜짝 발표를 했습니다. 기존의 메타버스 플랫폼 기능에 자동 번역 기능을 추가해 회의에 참여한 사람들이 다국어로 이야기하면 자동 번역되어 국가 간 언어의 장벽을 뛰어넘을 수 있다고 소개했습니다.

**출처** 마이크로소프트

▲ 3D 아바타가 적용된 팀즈(Teams)

## 그래서 메타버스가 뭔데?

메타버스의 사전적 의미는 '아바타(Avatar)를 통해 실제 현실과 동일한 사회, 경제, 교육, 문화, 과학 기술 활동을 할 수 있는 3차원 공간 플랫폼'[2]을 뜻합니다. 메타버스라는 말을 처음 사용한 사람은 닐 스테프슨(Neal Stephenson) 작가로 그는 1992년에 발표한 SF 소설 '스노우 크래시(Snow Crash)'에서 3차원 가상세계를 '메타버스'라 명명했고 주인공이 현실에서 가상세계로 진입하기 위해서는 '아바타'라는 신체를 빌려야만 가능하다고 설정했습니다. 이 작품에 등장하는 21세기의 로스앤젤레스는 빈부 격차로 분리된 커뮤니티, 부패한 치안, 인종 차별 등으로 매우 절망적인 상황입니다. 왜 이 디스토피아적인 소설의 한 공간이 전 세계적으로 주목받는 용어로 선택되었는지 정확히 알 수 없지만 아마도 '메타(Meta)'라는 단어의 뜻에 초월이라는 의미가 있기 때문인 것 같습니다.

2  https://terms.naver.com/entry.naver?docId=2454711&cid=42346&categoryId=42346(네이버 지식백과)

'스노우 크래시' 이후 30여 년이 지난 지금 빅 테크 기업들은 메타버스 플랫폼을 차세대 콘텐츠 산업으로 보며 여러 시도를 하고 있습니다. 이미 증강현실, 가상현실, 3D 홀로그램 아바타, 비디오 및 기타 통신 수단을 통합해 온라인 가상세계에서 다양한 개발이 진행되고 있으며, 이러한 개발의 결과물은 전 세계로 뻗어나가 사용자들과 만날 준비를 하고 있습니다. '메타버스'의 '최초'를 말할 때면 항상 닐 스테프슨의 소설이 맨 먼저 언급되지만 지금의 메타버스와는 의미가 사뭇 다르기 때문에 이점을 감안하여 생각해 주시기 바랍니다.

혹시 아직도 메타버스에 대한 감이 잘 오지 않는다면 메타버스가 무엇인지 확실하게 보여주는 영화가 있습니다. 바로 스티븐 스필버그 감독의 2018년 작품 레디 플레이어 원(Ready Player One)입니다.

**출처** 위키백과

▲ 영화 '레디 플레이어 원' 포스터  ▲ 영화 '레디 플레이어 원' 스틸 이미지

영화에 출연하는 수많은 캐릭터들 때문에 제일 많은 라이선스 계약으로 기네스북에 오르기도 한 이 영화는 '메타버스가 실재한다면 이것이다'라고 할만한 세상을 그려내고 있습니다. 영화는 2045년의 미래를 배경으로 하고 있으며 주인공인 웨이드 오웬 와츠는 컨테이너로 만들어진 가난한 마을에 살고 있습니다. 그런데 우연한 기회로 머리에 장치 하나를 쓰면 전 세계 사람들과 연결되는 '오아시스'라는 가상공간으로 들어가게 되고 그 안에서 게임과 모험을 하며 프로그래머가 숨겨둔 이스터에그[3]를 찾아 인생역전의 꿈을 꾸고 있습니다. 이 오아시스라는 곳에서 사람들은 서로 연결되어 실제 현

---

3  **이스터에그(Easter Egg)** : 영화, 책, CD, DVD, 소프트웨어, 비디오 게임 등에 개발자가 재미로 숨겨놓은 메시지나 기능

실처럼 대화하고 사회 활동을 하며 돈을 법니다.

2021년부터 필리핀 사람들이 제일 많이 사용하는 앱이 있습니다. 플레이 투 언(Play to Earn) 게임으로 'Axie Infinity'입니다. 플레이 투 언 게임은 게임을 하면서 돈을 번다는 개념으로 일정 시간 게임을 통해 자신이 키운 캐릭터를 NFT[4] 화하여 판매할 수 있습니다. 사람들은 시간 날 때마다 자신의 캐릭터를 성장시키기 위해 게임에 접속합니다. 영화 '레디 플레이어 원'의 주인공처럼 머리에 장비는 쓰지 않지만 일종의 메타버스 세상으로 들어가게 되는 겁니다.

**출처** Axie Infinity

▲ 필리핀 사람들이 제일 많이 즐기는 게임 Axie Infinity

여기서 메타버스에 대한 중요한 힌트를 얻을 수 있는데, 진정한 메타버스로 인정받기 위해서는 가상세계라 하더라도 그 안에서 물리적인 세계와의 접점이 있어야 한다는 것입니다. 메타(前 페이스북)의 창업주인 마크 주커버그는 메타버스를 이렇게 정의합니다.

"사람들이 만나고 일하고 놀 수 있는 가상세계"

전 이 정의를 참 좋아합니다. 그리고 함축적이라고 생각합니다. 중요한 개념이 다 들어가 있으면서도 짧습니다. 여기에 한 가지 더 덧붙여서 메타버스를 이렇게 정의하고 싶습니다.

"사람들이 만나고, 일하고, 놀 수 있고, 무언가를 만들 수 있는 가상세계"

어느 곳이든 사람들의 창의력이 발휘되지 않는다면 그 공간은 죽은 것이나 마찬가지입니다. 더 나은 세상을 위해 끊임없이 무언가 만들고 발견하며 이러한 움직임이 모여 공간은 점점 발전되는 겁니다.

---

4  Non-Fungible Toke(NFT) : 대체 불가능 토큰이라고 번역되는 이 단어는 디지털 파일의 원 소유주와 거래 기록을 블록체인에 저장해 디지털 자산의 원본성을 증명하는 기술로 가상의 진품 증명서 역할을 하므로 대체 불가능하고 사본은 인정되지 않는다.

# 메타버스의 과거와 현재

## 메타버스의 발자취

사실 메타버스는 인류의 역사와 함께 진행되었다고 생각합니다. 인류는 계속해서 초월적인 존재들을 꿈꿔왔고 그러한 존재들과 만나는 장소를 만들었습니다. 구글이나 위키피디아에서 '고딕 양식' 혹은 'Perpendicular Gothic'이라고 검색하면 거대한 구조물을 볼 수 있을 겁니다. 수직으로 곧게 뻗은 건축물 안에 있으면 이상한 초월적인 느낌을 받게 됩니다. 원래 모습을 간직한 채 남아있는 유적들은 많지 않지만 고대 그리스나 로마의 거대한 신전들도 백성과 신도들에게 신의 세계를 보여주기 위한 가상세계의 목적성을 가졌다고 봅니다.

출처 위키피디아

▲ Gloucester Cathedral lady chapel

대한민국에서도 석굴암, 부석사 무량수전 등의 불교 건축물 및 고미술품에서 선조들이 상상했던 초월 세계를 엿볼 수 있습니다.

▲ 신라시대 무덤 유적인 천마총의 천마도장니(天馬圖障泥)

어떻게 보면 종교를 제일 오래된 메타버스로도 볼 수 있습니다. 머리에 가상세계용 HMD[5]를 쓰지 않아도 눈만 감으면 신의 세계와 접촉되니까요. 나아가서 헌금이나 시주는 NFT를 발행(민팅)[6] 하는 것과 유사합니다. 그럼 경전, 성화, 불화, 석상 등은 NFT라고 볼 수도 있겠죠. 나아가 교회, 성당, 절은 현실 세계를 벗어나 신과 함께 하는 가상공간이라고 볼 수도 있습니다. 그래서 앞의 페이지에서 내린 정의에 한 가지를 더 추가해 보겠습니다.

"디지털 기술을 사용하여 사람들과 만나고, 일하고, 놀 수 있고, 무언가를 만들 수 있는 가상세계"

이러한 개념에서 봤을 때 제일 오래된 메타버스 플랫폼은 아마도 울티마 온라인(Ultima Online)이 아닐까 싶습니다. 울티마 온라인은 오리진에서 리처드 개리엇(Richard Gariot)이 개발하여 1997년 9월에 발표한 온라인 게임입니다. 2차원 기반이지만 동시에 수십 만명이 접속해 길드(guild)와 나라를 만들고 그 안에서 자신만의 기술을 익혀 모험할 수 있어 오늘날에도 많은 게이머들이 즐겨 찾고 있습니다.

---

5  HMD(Head Mounted Display) : 머리에 착용하는 디스플레이 장치를 의미하며 주로 가상현실 또는 증강현실의 구현을 위한 디스플레이 장치로 사용됩니다.

6  민팅(Minting) : '화폐를 주조하다'라는 뜻을 가진 단어로 주형을 갖고 동전이나 금괴 등을 만드는 것을 의미합니다. 블록체인 기술을 활용해 NFT를 발행하는 것으로 통칭되며 첫 발행 후 코인으로 거래가 가능합니다.

▲ 2차원 세계에 캐릭터들이 모여 이야기하며 휴식을 취하고 있다.

울티마 세계는 쥐, 토끼와 같은 동물을 사냥해 레벨을 올리면 추후 상상의 몬스터까지 잡는 영웅이 될 수 있으며 금속을 열심히 다룬 사람은 대장장이가 되고 낚시를 열심히 한 사람은 강태공이 되기도 합니다. 한 분야에 집중해 레벨을 올리면 그에 따른 보상도 있는데 레벨이 높은 대장장이가 만든 물건들은 고가에 거래가 되고 낚시꾼은 특별한 생선을 낚을 수 있습니다. 캐릭터의 집에는 자신이 길들인 몬스터를 데려올 수 있어 이런 점 때문에 황당한 에피소드도 있었는데요. 한 플레이어가 매우 강력한 몬스터를 자기 집 옥상에 두었다가 지나가던 행인들이 모두 죽임을 당하는 일이 있었습니다.

황당한 일은 이뿐만이 아닙니다. 프로그래밍이 잘못되어 제일 약한 슬라임(slime)이 무한증식해 인구의 절반이 사망하거나 서버가 폭파된 전염병 사건도 있고 현실에서 일어났다면 말도 안 되는 대학살 사건도 있었습니다.

▲ 울티마 온라인에서 가장 약한 몬스터 슬라임

누군가 울티마 온라인에 대해 "그저 온라인 게임인데 메타버스라고 할 수 있나요?"라고 묻는다면 제 대답은 "네"입니다. 가상의 세계에 물리적 세계인 현실과의 접점이 생겼기 때문입니다. 캐릭터의 직업에 전문성을 쌓아 그 장인이 만든 아이템들은 현실에서 고가에 거래되었으며 개인 웹 사이트나 블로그, 이메일, 이베이 등을 통해서도 아이템을 사고팔아 심지어 사기 범죄도 발생했습니다.

앞서 말한 울티마 온라인이 2차원 메타버스로 제일 오래된 게임이라면 3차원 메타버스로는 2003년 설립된 온라인 세계인 세컨드 라이프가 유명합니다. 세컨드 라이프는 '사용자들이 창조하고 소유하는 3D 세상'을 꿈꿨습니다. 그래픽이 훌륭하지는 않지만 지금의 메타버스 개념에 제일 가까운 네트워크 서비스입니다. 2021년 대대적인 업데이트를 진행한 후 지금은 엄청난 그래픽을 보여주는 프로그램이 되었습니다.

**출처** 위키피디아

▲ 세컨드 라이프 캐릭터들이 한 공간에 모여 어울리고 있다.

세컨드 라이프에서는 경제 활동을 하는 사람도 많습니다. 기본 조작이 조금 불편하지만 메뉴나 명령어를 잘 사용하면 다른 사람들에게 적극적으로 제스처를 취하는 등의 동작이 가능해 사교 활동과 공동 활동에 참여할 수 있고 주거 및 상업용 자산을 건설해 토지를 소유하며 가상 상품을 거래할 수도 있습니다.

세컨드 라이프 이후 3년이 지나 2006년에 로블록스, 2009년 비트코인과 블록체인, 2010년 플레이 투 언의 개념이 제시되고 2015년 이더리움이 소개되며 이를 사용하는 디센트럴랜드[7]가 시작됩니다. 2017년에는 에픽게임즈에서 3인칭 슈팅 게임인 포트나이트(Fortnite)를 발표하는데 이 게임의 파티 로열 모드는 플레이어들이 전투 없이 콘서트 또는 영화를 관람하고 함께 즐기는 소셜 공간으로 2020년 트래비스 스콧의 첫 가상 콘서트가 성공리에 개최되며 BTS도 이곳에서 신곡 다이너마이트를 깜짝 발표하게 됩니다.

---

7  **디센트럴랜드(Decentraland)** : 이더리움 블록체인 기반의 가상현실 플랫폼을 위한 암호화폐이다. '디센트럴랜드'라는 가상현실 세계에서 사용자는 토지를 구매하고 다양한 활동을 할 수 있으며, 다른 사용자에게 토지를 판매할 수도 있다.

▲ BTS 다이너마이트의 포트나이트 콘서트

이제 대한민국의 메타버스 플랫폼에 대해 살펴보겠습니다. 아마 가장 오래된 메타버스로 '바람의 나라(1966~)'와 '싸이월드(1998~)'[8]를 생각하시는 분들이 많을 거 같습니다. 바람의 나라는 위의 울티마 온라인과 비교했을 때 캐릭터의 자유도는 많이 떨어지지만 아이템을 실제 현실에서 사고 팔 수 있다는 것과 유저들끼리 만나 상호작용하며 결혼까지 가능하다는 점에서 충분히 메타버스라고 부를 수 있습니다. 하지만 싸이월드는 메타버스로 볼 수 있는 여러 요소 중 미니홈피만이 그나마 가깝다고 볼 수 있는데요. 사람들과의 소통할 수 있는 방법은 방명록이나 댓글 위주였기 때문에 실시간 상호작용성이 중요한 메타버스라고 부르기에는 부족한 점이 많아 오히려 라이프로깅 기능에 특화된 마이크로 블로그(Microblog)로 보는 것이 더 합당합니다.

▲ 넥슨이 2014년에 복원한 1996년 출시 당시 '바람의 나라' 화면

---

8 싸이월드는 2022년 5월 모바일 앱으로 미니홈피 서비스를 재개했습니다.

## 메타버스를 정의하는 요소들

앞에서 메타버스의 개념에 대해 차근차근 알아보았습니다. 그럼 메타버스란 명칭은 어떤 요소들이 모여야 정의되는 건지 자세히 살펴보겠습니다.

### 아바타

예부터 옷은 일상생활 속 여러 위험으로부터 우리의 몸을 보호하기 위한 중요한 물건 중 하나였습니다. 그렇다면 메타버스 플랫폼의 가상세계에서도 옷은 보호의 수단으로 중요할까요? 답은 아닙니다. 가상세계에도 옷은 존재하지만 생존을 위해 입는 현실의 옷과는 존재 이유가 다릅니다. 가상세계에서 옷은 표현의 수단으로 사용되고 있는데요. 말인즉슨 메타버스 플랫폼에 입장하기 위해서는 아바타(Avatar)라고 불리는 가상의 캐릭터를 생성해야 합니다. 물리적인 세계에서 가상의 세계로 입장하기 위한 수단이죠. 아바타의 이름을 정하고 성별을 선택하면 다음 페이지에 잠옷 차림으로 서있는 캐릭터와 마주합니다. 아무리 가상세계라 해도 집에서 편하게 입는 옷으로 외부 사람을 만나기에는 조금 무리가 있어 보입니다. 이럴 때 '캐릭터 꾸미기' 기능을 이용해 아바타를 꾸며야 하는데 그 정도는 메타버스 플랫폼을 서비스하는 기업마다 차이는 있지만 공통적으로 피부색부터, 얼굴 표정, 옷, 액세서리까지 전부 다양하게 변경할 수 있으며 내 아바타를 어디까지 꾸밀 수 있는지가 플랫폼의 선호도에도 큰 영향을 미치고 있습니다. 그래서 구찌나 나이키와 같은 유명 브랜드들은 가상의 공간에 실제와 비슷한 매장을 만들고 아이템을 무료 나눔 하거나 판매하고 있습니다. 메타버스 플랫폼의 공간을 활용하면 브랜드 이미지가 상승하고 사람이 계속해서 방문하다 보니 자연스레 상품 홍보로 이어져 좋은 효과를 누립니다. 아래 그림은 메타버스 플랫폼에서 제공하는 여러 구성요소를 선택해 만든 게더타운과 스팟, 레디 플레이어 미의 3D 아바타입니다.

▲ 맨 왼쪽부터 게더타운, 스팟, 레디 플레이어 미의 3D 아바타

개성 넘치는 다양한 디자인의 옷을 입혀보며 나를 표현하는 건 가상세계이기에 가능한 일입니다. 2D와 3D의 각각 다른 환경에서 구현되는 그래픽의 차이도 느껴보고 나만의 캐릭터를 멋지게 꾸며보세요.

## 기술 및 인프라

아무리 기술이 발전했다고 하지만 가상세계에서 아바타가 직접 음식을 맛보는 것은 불가능합니다. 왜냐하면 아바타는 음식의 식감이나 포만감 등을 느낄 수 없으니까요. 물론 특정 신호를 변환해 냄새를 화면 밖까지 보내는 게 가능해졌고 미래의 언젠가는 냄새를 넘어 그 자리에서 바로 음식을 섭취하는 것도 가능하겠지만 아직은 요원합니다. 먹는다는 것을 하나의 '행위'나 '동작'으로 봤을 때 결국 메타버스에서 중요한 것은 '무엇을 할 수 있는가?'라고 말할 수 있습니다. 현재 운영되고 있는 메타버스 플랫폼을 살펴보면 아쉬운 점이 많습니다. 마치 매장의 정식 오픈 전 소비자들의 반응을 보기 위한 가오픈의 형태와도 비슷합니다. 기술은 충분히 뒷받침되어 있지 않고 너무나 많은 포장이 이루어져 있습니다. 일부 커뮤니티에서 말하는 것처럼 '그거 그냥 모여서 게임하는 것 아냐?'라고 여겨지는 것도 무리가 아닙니다.

'COVID-19'라는 특정 상황에서 메타버스 플랫폼이 주목을 받으며 '가상세계로 출근하는 세상'과 같은 키워드가 화제가 되었습니다. 그러나 메타버스의 공간에서 비즈니스를 하기에는 아직 충분한 인프라와 사회적 공감이 이루어지지 않았습니다. 유명 블로거이자 'Beamable'의 CEO인 'Jon Radoff'는 이렇게 말했습니다. "메타버스를 통해 사용자들에게 어떤 경험을 선사하기 위해서는 경제적, 기술적 기반이 필요하며 이에 따른 인터페이스 개발과 여러 경험들을 빠르게 만들고 적용할 수 있는 공간 컴퓨팅 기술(AR, VR)의 발달이 필요합니다. 이런 기반이 튼튼해야 창작자들이 무언가 만들어서 수익을 가져가는 창작자 경제도 활발해집니다"라고 말입니다.

▲ 'Jon Radoff'가 주장한 메타버스의 7계층

현재 개발된 여러 메타버스 플랫폼들은 아직 시험대에 있습니다. 억지로 기대수준을 낮추라는 것이 아닙니다. 기대치의 거품을 빼고 보면 현재 기술을 통해서 의미 있는 생산 활동도 가능하고 이런 활동들을 통해 미래에 통용될 서비스들을 예측해 보고 만들 수도 있게 되는 것이죠.

기술의 발전으로 적은 비용으로도 충분한 결과물을 만들어내는 시점이 되는 순간에 지금 시도되는 많은 기술들은 갑자기 퀀텀 리프(quantum leap)[9] 를 할 수도 있습니다. 영화 '레디 플레이어 원'이 갑자기 일상이 되는 시대가 올 수도 있다는 이야기입니다. 그때가 언제냐고요? 그건 아무도 모릅니다. 어쩌면 영영 오지 않을 수도 있지만 역사는 도전하는 자들에 의해 이루어져 왔다는 걸 기억해 주세요.

## 만남의 공간

메타버스는 사람들과 모이는 장소의 공간 개념도 굉장히 중요합니다. 하나의 공간을 만들어 그 공간을 가구나 기물을 이용해 얼마나 쉽고 멋있게 만들 수 있느냐가 서비스의 흥망성쇠를 결정짓기도 합니다. 일단 '보암직' 해야 하고 사용자의 접근이 쉬워야 하며 공간에 접속했을 때 조작이 간단해야 합니다. 아무리 멋진 콘텐츠가 있어도 접속 후 보이는 첫 화면이 허술하면 더 이상 돌아다니고 싶지 않게 됩니다. 행사 및 이벤트 공간을 설계할 때 특히 메인 공간을 신경 써야 하는 이유이기도 합니다. 그만큼 공간은 메타버스에서 절대로 빠져서는 안 될 요소입니다. 그리고 특정 모바일 앱으로만 접속하려고 하면 최소한 QR 코드나 웹 주소를 첨부해 빠른 접속이 가능하도록 해야 합니다.

## 사용자 경험

사용자의 피로도 문제도 고려해야 합니다. 피로도는 어쩌면 사용자 경험에서 제일 큰 부분이 되기도 합니다. 메타(前 페이스북)는 퀘스트라는 HMD 장비를 열심히 보급해 많은 이들이 경험해 보길 원했습니다. 하지만 일부 마니아층의 게임용 도구가 되거나 수업 때 일시적으로 사용하는 교보재 정도에 머무르게 되었습니다. 구글이 카드보드 VR 등을 만들어 열심히 보급을 하다가 VR이 아닌 AR(증강현실)에 집중하는 것이나 애플이 처음부터 'Reality OS'라는 이름으로 AR과 XR(혼합현실)을 목표로 개발하고 있는 것, HMD 장비 개발과 보급에 있어 유명한 HTC가 가벼운 안경형 VR 제품을 만드는 것에는 이 피로도의 문제가 관련이 깊습니다. 메타도 뒤쳐질새라 최근 안경형 장비를 활발히 개발하고 있습니다.

---

9　한국말로는 양자도약이라는 뜻. 대약진, 대도약을 뜻하는 용어로 혁신적인 경영으로 기존 환경의 틀을 깨고 도약하는 기업을 비유하는 말로 사용되고 있다.

출처 위키피디아

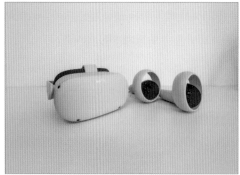
▲ 메타의 퀘스트2 HMD

▲ 구글의 카드보드

## 조작성

마지막으로 조작성입니다. 가상세계에서 이동할 때마다 마우스를 여러 번 클릭해야 한다든지 메뉴가 숨어 있어 기능들을 제대로 사용하기 어렵다면 사용자들은 금방 질리게 되어 몇 번 시도하다가 포기할 가능성이 높습니다. 위에서 내려다보는 탑뷰(Top View) 방식의 게더타운이나 젭과 같은 2차원 메타버스가 인기를 끄는 것에는 간단한 조작성도 한몫합니다.

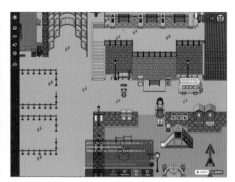
▲ 탑뷰(Top View) 방식의 게더타운과 젭의 화면

# 메타버스 로드맵

구글에서 메타버스 로드맵(Metaverse road map)이라고 검색하면 아래 이미지와 같은 그림들을 쉽게 찾을 수 있습니다. 메타버스의 대표적인 요소로는 ① 증강현실, ② 라이프로깅, ③ 거울 세계, ④ 가상세계를 많이 이야기하며 전 세계적으로 메타버스의 필수 요소들로 자주 언급되고 있습니다.

**출처** 위키피디아

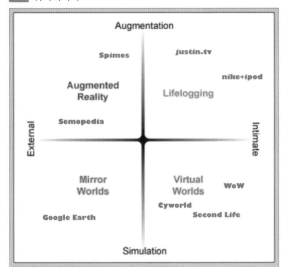

▲ 메타버스 로드맵

## • 증강현실(Augmented Reality)

첫 번째 증강현실은 현재 존재하는 현실 이미지와 배경에 3차원의 가상 이미지를 덮어 표시해 주는 기술입니다. 아이언맨 영화에서 인공지능 로봇 '자비스'가 주인공에게 보여주는 여러 정보들을 생각하면 쉽습니다.

**출처** 위키피디아

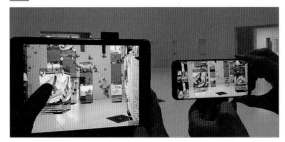

▲ 증강현실 체험 장면

최근에는 운전 시 도로 위에 직접 길을 표시해 알려주는 AR 내비게이션 기능이 탑재된 자동차가 출시되어 화제를 모으기도 했습니다.

출처 코리아헤럴드

▲ 증강현실을 구현한 자동차 내비게이션

구글 렌즈(Google Lens)는 스마트폰 카메라를 통한 검색 애플리케이션으로 현실의 사물들을 판독해 주거나 눈앞에 보이는 여러 글자들을 빠르게 번역해 영화 '해리포터'에 나오는 마법 신문처럼 글자들 사이에 움직이는 동영상을 재생하기도 합니다.

출처 구글

▲ 실시간으로 글자를 번역해 화면에 띄우는 구글 렌즈

출처 구글

▲ 구글 렌즈의 다양한 기능들

지금은 서비스가 종료됐지만, 구글의 'Expedition' 앱은 여러 역사적 가치가 있는 예술작품, 동식물, 문화재 등을 실제 공간으로 불러와 내가 직접 어딘가로 이동하지 않아도 그것에 대해 공부하고 학습할 수 있는 기능을 제공했습니다. 현재 이 앱의 기능은 구글 모바일에 일부 흡수되어 서비스되고 있습니다.

출처 구글 모바일 앱

▲ 아폴로 11호, 사령선, 화성 탐사차, 닐 암스트롱 우주복 등을 Expedition 할 수 있다.

## • 가상현실(Virtual Reality)

증강현실과 대치점에 있는 것이 가상현실입니다. 가상현실은 현실에 없는 것을 모두 그려내야 하기 때문에 보통 HMD(Head Mount Display)라고 불리는 장치를 쓰고 있어야 합니다. 외부 시야가 차단되고 눈앞에 바로 100인치 TV를 시청하는 듯한 느낌이 들어 몰입감은 현재 개발된 장비 중 최고입니다. 그러나 시야를 잘 조정해 주지 않으면 시력 감퇴가 올 수 있고 무엇보다 휴대폰 2~3개 무게인 이 장비를 오래 사용하다 보면 목에도 큰 무리가 올 수 있습니다. 많은 VR 회사들은 만 14세 미만의 청소년에게는 이 장비의 사용을 권하지 않습니다. 증강현실과 가상현실을 한 문장으로 정의하면 증강현실은 '헛것이 보인다'이고 가상현실은 '헛것만 보인다'라고 말할 수 있습니다.

▲ VR 체험을 위해 사용자 머리에 장착하는 기기

### ● 라이프로깅(Life Logging)

라이프로깅은 말 그대로 삶을 기록하는 것입니다. 가상현실이나 증강현실과는 조금 거리가 있지만, 페이스북, 인스타그램, 블로그, 유튜브 등 다양한 방법으로 삶의 자취를 남기는 모든 활동을 라이프로깅이라 부릅니다.

사용자가 자신의 SNS에 직접 기록을 남기는 라이프로깅 외에도 몇몇 기업의 경우 사용자에게 라이프로깅을 직접 연결해 주기도 합니다. 예를 들어 페이스북의 경우 친구들의 생일이 내 타임라인에 자동으로 나타나기도 하고 지난 1년간 나와 가장 가까이 지냈던 사람의 사진을 모아 슬라이드 쇼로 만들어 줘 미처 생각하지 못한 삶의 기록을 찾아와 줍니다.

구글 포토나 아이폰의 사진 앱 역시도 몇 년간의 사진을 모아 보여주거나 얼굴로 사람을 찾아주는 기능들이 있는데 이런 정보들은 사용자에게 특별한 경험을 제공해 주기도 합니다. 그리고 구글 포토 등을 이용해 사진을 백업하는 경우 위치 정보가 같이 남아 언제 어디로 이동했는지 자취를 알 수 있어 이것도 일종의 라이프로깅으로 볼 수 있습니다.

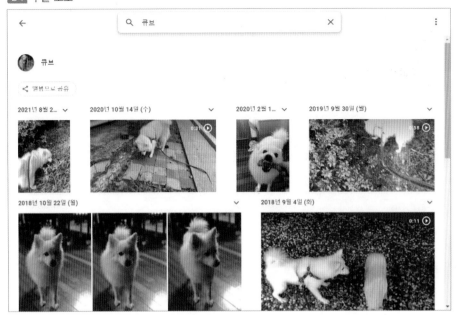

▲ 반려동물 사진까지 구별해서 기록해 주는 구글 포토의 라이프로깅

반면 만남의 장소를 표방하는 그래픽 기반의 메타버스 플랫폼들은 상대적으로 라이프로깅 기능이 약합니다. 만약에 이런 플랫폼들에서 사용자의 중요한 변화를 자동으로 기록해 주는 패시브 라이프로깅(Passive life logging) 기능이 있다면 아마 큰 호응을 얻을지도 모릅니다.

### ● 거울세계(Mirror World)

거울세계는 현실 세계의 풍경, 구조, 정보 등을 가져와 가상세계에 정교하게 구현한 것을 뜻합니다. 기술의 발전이 거듭될수록 거울세계는 점점 현실과 비슷해질 것이며 사용자는 가상세계를 이용함으로써 현실의 정보를 얻는 독특한 경험을 할 수 있습니다. 대표적인 거울세계로는 구글 지도, 네이버 지도, 구글 어스가 있으며 현실을 반영한 정보들이 주소별로 나누어져 있고 각 주소들과 연관된 정보도 추가해 그 공간이 어떤 곳인지를 알 수 있게 합니다. 구글 지도는 길 찾기나 웹 사이트 관련 정보만 제공하다가 최근에는 가게 및 숙박업소 예약 서비스를 시작했으며 네이버는 이미 몇 년 전부터 식당이나 미용실 등을 예약할 수 있는 서비스를 제공하고 있습니다.

▲ 네이버 지도에서 검색한 구글 코리아

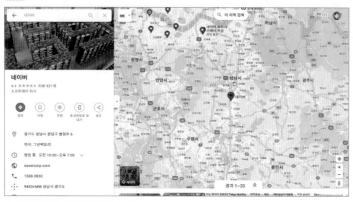

▲ 구글 지도로 검색한 네이버 본사

또 위치 정보 외에도 다양한 정보를 거울세계에 추가하기 위해 노력하고 있는데, 예를 들어 건물의 내부적인 시설들까지 분석해 전기, 물 등의 사용량 기록과 주변의 교통상황 등 방대한 정보를 함께 기록하는 것입니다. 이것을 디지털 트윈(Digital Twin)이라고 부릅니다. 현실에서 발생할 수 있는 다양한 상황을 컴퓨터로 시뮬레이션함으로써 시스템의 유지 보수 시점을 파악해 개선하거나 결과를 예측할 수 있습니다.

그렇다면, 앞서 소개한 '울티마 온라인이나 바람의 나라는 거울세계 혹은 디지털 트윈이라고 볼 수 있나요?'라는 궁금증이 생길 수도 있습니다. 여기에서 꼭 알아야 하는 거울세계의 중요한 요소는 바로 현실과의 유사성입니다. 여러분이 현실에서 길을 가다가 몬스터의 화염에 죽을 확률은 얼마나 될까요? 우리가 살아가고 있는 실제 현실에서는 몬스터를 만날 일은 없기 때문에 울티마 온라인과 바람의 나라와 같은 온라인 게임은 거울세계의 요소가 없는 가상세계입니다.

# 메타버스의 미래

## 메타버스 키워드

앞서 소개한 용어들만으로 메타버스를 완벽하게 정의할 수는 없지만, 현재의 메타버스 플랫폼이 있기까지 많은 밑바탕이 되어줬습니다. 다가올 미래의 메타버스 플랫폼은 과연 어떤 것을 기반으로 성장해 발전하게 될지 도움이 될만한 키워드를 몇 가지 추려보았습니다.

### ● 제4차 산업혁명

2016년 세계 경제 포럼 WEF(World Economic Forum)에서 언급된 용어로 정보통신기술의 융합으로 이루어지는 차세대 산업혁명을 일컫는 말입니다. 최초의 산업혁명은 증기기관으로 시작되었고 제2차 산업혁명은 컨베이어 벨트로 시작되었습니다. 제3차 산업혁명은 20세기 중반 컴퓨터, 인공위성, 인터넷의 발명으로 촉진되어 일어난 산업혁명으로 반도체가 도입되면서 시작된 디지털 혁명에 인터넷 정보 통신 기술(ICT)이 포함된 산업 발전까지를 포함하고 있습니다.

제4차 산업혁명은 물리적, 생물학적으로 디지털 세계를 통합하고 경제와 산업 등 모든 분야에 영향을 끼치는 신기술입니다. 엄밀히 말하자면 앞선 두 혁명과 달리 역사학자들이 정립한 개념이 없어 일부 학자들은 아직도 제3차 산업혁명의 시대이고 제4차 산업혁명은 마케팅을 위한 허위라고 주장하기도 합니다. 하지만 기술의 발전 속도나 기존의 하드웨어 기반의 산업혁명을 몇 십 배 뛰어넘는 발전이 이뤄지고 있기 때문에 2015년 이후 개발된 여러 영역들은 충분히 제4차 산업혁명이라고 부를만합니다.

제4차 산업혁명을 한마디로 정의하자면 '분산화'입니다. 중앙정부나 일부 기업에 의해 주도되었던 산업의 혁명이 사용자 단위까지 내려간 것입니다. 인터넷과 스마트폰, 고성능 컴퓨터로 연결된 사용자들 사이의 암호화 네트워크와 이를 통해 만들어지는 방대한 빅데이터, 또 이를 분석하는 인공지능 등이 복잡하게 연결된 세상입니다.

### • IoT(Internet of Things)

IoT는 네트워크에 연결된 장치이자 산업 장비 등의 다른 사물들과 데이터를 공유할 수 있는 사물을 말합니다. 네트워크 장치가 하나인 초소형 컴퓨터에 의해 작동되고 여기에 모인 데이터를 바탕으로 사용자들에게 정보와 편의를 제공합니다. IoT를 가장 쉽게 떠올릴 수 있는 것은 여러 곳에 설치된 날씨 및 온도 센서입니다. 수집된 날씨 정보로 기상 예보를 만들어 월간, 연간 데이터를 만들고 또 일상생활에서는 도심 속 주차 문제를 해결하기 위한 IoT 공유 주차장도 있습니다. 바닥에 설치된 IoT 기기와 모바일 앱이 연동되어 주차장의 상태를 확인할 수 있으며 따로 주차요원을 배치하지 않아도 되어 인건비도 절약됩니다. 물론 노년층 등 디지털 리터러시에 약한 디지털 취약계층은 쉽게 이용하기 어렵다는 단점도 있지만 IoT를 기반으로 하는 서비스들은 점점 빠르게 증가하고 있습니다.

▲ 구로 IoT 공유 거주자 우선 주차장

### • 빅데이터

말 그대로 방대한 데이터를 말합니다. 컴퓨터와 인터넷을 기반으로 매시간 엄청난 양의 데이터가 생성되고 유튜브는 1분마다 500시간이 넘는 비디오가 등록되며 하루에 3만 시간 이상의 영상이 업로드되고 있습니다. 알파벳(Google의 모회사)은 이 영상을 시청하는 사용자를 분석해 알고리즘 광고에 참조할 만한 데이터를 만들고 이를 이용해 막대한 부를 축적하고 있습니다.

빅데이터는 순수한 데이터 상태일 땐 하나하나 그 의미를 알기 어렵지만 데이터 라벨링 작업 등을 통해서 데이터의 목적성을 부여하면 유의미한 자료가 됩니다. 웹 1.0 시대에는 웹 사이트의 카운터 정도가 전부였지만 지금은 통신사 기록, IoT의 기록, 웹 사이트를 이용하는 사용자들이 어떤 순서로 정보를 이용하는지까지 상세히 기록해 데이터가 되고 있습니다.

### • 인공지능(AI)

인간의 지능을 모방해 기계 등에 인공적으로 구현한 프로그램을 말합니다. 주변 환경이나 패턴을 인식해 스스로 동작하는 인공지능부터 빅데이터를 분석하여 머신러닝과 딥러닝을 통해 사람과 대화하고 제안까지 하는 고차원의 인공지능들도 만들어지고 있습니다.

### • 머신러닝(Machine Learning)

머신러닝은 수많은 데이터를 통해 스스로 학습하는 것을 뜻합니다. 여러 데이터들에 대해서 기본적인 규칙을 만들어주면 그 데이터와 유사한 것을 학습하여 이에 대한 결과를 보여줄 수 있게 됩니다. 구글의 티처블 머신(Teachable Machine)이 대표적인데 이 사이트에서는 이미지, 소리, 자세를 인공지능에 학습 시킬 수 있습니다.

**출처** 구글

▲ 구글 티처블 머신

### • 딥러닝(Deep Learning)

머신러닝에서 진화한 개념이며 심층 학습이라고도 부릅니다. 여러 층을 가진 인공신경망을 사용하여 머신러닝 학습을 수행하기에 인공지능 기술의 핵심으로도 꼽힙니다. 딥러닝의 대표적인 예로는 2016년 3월 이세돌 9단과의 대국으로 화제를 모았던 로봇 알파고가 있습니다.

## • 로봇공학

로봇공학은 기계공학과 인공지능이 합쳐진 최첨단 연구 영역입니다. 요즘 가정에도 많이 보급된 로봇 청소기를 대표적으로 말할 수 있고 또 최근에는 애완용 로봇, 음식점 서빙 로봇, 관광지 안내 로봇 등 산업용으로 쓰이는 제작 로봇들도 있습니다. 어릴 적 애니메이션에서 자주 보았던 거대 로봇은 만들어지고 있지 않지만, 사람이 탑승해서 운전이 가능한 5미터 내외의 이족보행 로봇들은 이미 상용화가 되기 시작했습니다. CES 2022에 출품되었던 아메카(Ameca)[10] 는 인공지능으로 학습된 데이터로 사람과 일상적인 대화가 가능하며 동작과 표정까지 바꿀 수 있어 많은 사람들에게 충격을 주기도 했습니다.

`출처` 엔지니어드아트

▲ 인공지능 로봇 아메카

## • 디지털 트랜스포메이션

디지털 트랜스포메이션 줄여서 DX라고도 불리는 이 용어는 사전적으로 합의된 정의는 없지만 보통 클라우드, 사물인터넷(IoT), 인공지능(AI), 블록체인, 가상현실, 빅데이터, 애널리틱스 등 방대한 디지털 기술을 하나로 통합해 혁신을 추진하는 것을 이야기합니다. COVID-19 이후 미래를 준비하는 필수 전략으로 떠오르고 있으며 보통 기업의 변화에 대해서만 이야기되다가 최근 학교의 교육이나 자기주도학습에도 필요한 것으로 대두되고 있습니다. 많은 기업에서 '변화 관리'의 하나로 치부하기도 하지만 급변하는 디지털 변화와 디지털 분열(Digital disruption)[11] 에 대처하기 위한 기본적인 기술의 하나로 여겨지고 있습니다.

---

10  **아메카(Ameca) :** 인간 로봇 기술의 최전선을 대표하는 세계에서 가장 진보된 인간 모양 로봇. 미래 로봇 공학 기술 개발을 위한 플랫폼으로 특별히 설계되어 인간–로봇 상호 작용을 위한 완벽한 인간형 로봇 플랫폼입니다.

11  **Digital disruption(디지털 분열) :** 흥망성쇠가 빠른 디지털 시대의 수많은 변화 상태를 말한다.

## • 블록체인

데이터를 '블록'이라는 소규모 데이터로 쪼갠 뒤에 이를 여러 곳에 분산시켜 저장하는 데이터 저장 방식입니다. 다른 말로 분산 컴퓨팅 기술이라고도 불리는데 원 데이터를 임의로 변경할 수 없도록 여러 개의 열쇠와 자물쇠로 암호화해 전 세계에 퍼뜨립니다. 블록체인 기법이 사용된 대표적인 예는 비트코인으로 가상화폐는 바로 이 블록체인 기법을 기반으로 합니다.

## • NFT

'대체 불가능한 토큰(Non-Fungible Token)'이란 뜻으로 디지털 파일의 소유권과 판매 이력 등을 블록체인에 저장해 디지털 자산의 원본성을 증명하는 기술입니다. 최근 가상화폐처럼 투자하는 사람이 증가해 이름을 알리기 시작했으며 인도네시아에서는 장난으로 5년간 찍은 셀카를 NFT로 만들어 공유했는데, 이것이 비싼 값에 팔려서 억만장자가 되었다는 이야기가 2022년 연초를 뜨겁게 달궜습니다.

**출처** YTN 뉴스

▲ 자신의 셀카를 NFT 판매한 인도네시아 대학생

NFT는 그림, 동영상, 사운드 등으로 다양하게 발행(민팅)되고 있으며 복잡한 암호화 기법으로 원본의 제작자와 거래 과정을 추적할 수 있기 때문에 도난의 우려가 적고 위조 등이 불가능합니다. NFT를 만들고 거래하기 위해서는 블록체인에 기반한 가상화폐의 여권 겸 지갑을 먼저 만든 뒤에 가능합니다. 오픈시(Opensea)나 라리블(Rarible) 같은 사이트가 NFT의 전시 및 거래소로 유명합니다.

## • 웹 3.0

월드와이드웹(WWW)이 시작된 첫 시기를 웹 1.0이라고 합니다. 이때는 공급자가 만든 홈페이지를 방문자에게 보여주는 것이 전부였습니다. 다음 웹 2.0은 사용자들이 같이 참여해서 정보를 만들고 공유하는 것이었습니다. 지금의 유튜브가 제일 대표적인 서비스라고 볼 수 있습니다. 페이스북, 트위터, 네이버 카페, 링크드인 등의 SNS 서비스들과 카카오톡, 라인, 위챗 등의 메신저 서비스까지도 여기에 해당됩니다. 웹 3.0은 개별 사용자들에게 맞춤화된 서비스를 제공하는 '개인화된 웹'입니다. 웹 3.0을 대표하는 기술로 시맨틱 웹(Semantic Web)과 디앱(DApp, Decentralized Application)이 있는데, 두 기술의 핵심은 데이터를 통제하는 기관이 없다는 것입니다. 유튜브, 페이스북, 트위터는 회사의 알고리즘과 관리자가 데이터를 통제하고, 네이버 카페 역시 회사의 알고리즘과 각 카페 관리자가 데이터를 통제합니다. 그런데 웹 3.0의 사이트들은 데이터가 중앙 집중화되어 있지 않고 암호화되어 분산 저장되기 때문에 기관의 검열이나 통제에서 자유롭습니다. 또한 해킹을 당하기도 어렵고 해킹을 당한다고 해도 일부 데이터만 빼앗기기 때문에 훨씬 안전합니다. 그러나 통제에서 벗어나 있다는 것은 그만큼 다른 부작용이 생길 여지도 많다는 것을 염두에 두어야 합니다.

출처 디튜브

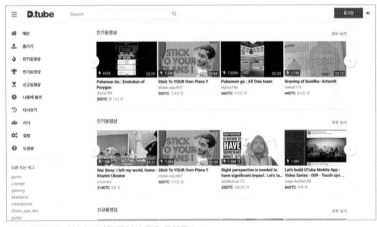

▲ 자신의 블록체인에 기반한 동영상 공유 플랫폼 Dtube

국내에서는 학술연구정보 서비스, 국가표준인증종합정보센터, 법무부의 온토프레임(Ontoframe)에서 사용하며 해외에서는 스팀잇(Steemit), 디튜브(Dtube) 등이 대표적으로 웹 3.0을 이용한 서비스를 제공하고 있습니다.

## COPPA

COPPA(Children's Online Privacy Protection)는 미국의 연방거래위원회(FTC)가 1998년에 제정한 법안으로 아동 온라인 개인 정보 보호에 관한 규정입니다. 만 14세 미만의 모든 아동에게 적용되며 아동의 개인 정보를 수집하기 위해서는 보호자의 명시적 동의가 필요합니다. 우리책 2~4부에서 소개하고 있는 세 가지 플랫폼(게더타운, 스팟, 젭)이 이 법안으로 인해 곤혹을 치렀습니다. 우리나라에서는 COPPA를 명목으로 많은 선생님과 학부모가 게더타운 사용 반대 시위를 격렬하게 진행했고, 그 결과 유네스코 교육 정책 세미나에도 소개될 만큼 큰 호응을 얻었던 '학교가자닷컴'의 메타버스 스쿨은 한순간에 비판의 목소리와 질타를 받게 됐습니다.

엄밀히 따지자면 COPPA가 아니라 CIPA[12]로 이야기를 해야 하지만 미국의 법을 그대로 따르기보단 대한민국의 청소년 보호법을 넓게 적용해 청소년들이 인터넷에서 불쾌한 경험을 하지 않도록 돕는 것이 더 맞는다고 생각합니다. 하나의 예로 게더타운은 많은 사람이 모여있는 공개 장소에 이상 행동을 하는 일명 '바바리맨' 같은 사람들이 증가하자 청소년 보호 명분으로 홈페이지에 공개하던 데모 공간들을 2021년 10월부터 폐쇄했습니다. 또한 다른 메타버스 앱들도 요즈음 비밀번호로 공간을 보호하거나, 허용된 사람들만 들어올 수 있게 명단 기능이나 멤버 기능을 추가하고 있습니다. 그러나 게더타운이나 스팟의 경우 홈페이지에 만 18세 미만에게는 권장하지 않는다는 주의 메시지가 있지만 청소년과 아동의 유입을 적극적으로 막고 있지는 않습니다.[13] 만 14세 미만 아동의 구글 메일 계정으로도 아무런 문제 없이 회원가입이 됩니다. 이와 다르게 화상회의 플랫폼인 'ZOOM'은 만 14세 미만 아동의 구글 메일 계정으로 로그인할 경우 회원가입이 금지됩니다. 다른 메타버스 플랫폼과 다르게 표면적으로는 법적인 책임을 이행하기 위해 노력하는 것이 엿보입니다. 모쪼록 한국에서도 아동 및 청소년 보호를 위한 관련 가이드가 어서 정립되어 빨리 시행됐으면 좋겠습니다.

---

12  Children's Internet Protection Act : 미국의 아동 인터넷 보호법

13  학부모 동의를 얻으면 게더타운은 만 14세 이상, 스팟은 전 연령 사용이 가능합니다.

# 게더타운
Gather Town

# 모두의 메타버스 게더타운

## 개더타운? 게더타운!

게더타운은 대한민국에 가상 오피스 개념을 최초로 알린 메타버스 플랫폼입니다. 게더타운의 공식 명칭은 'Gather'이지만 한국에서는 게더타운으로 많이 알려져 있습니다. 아무래도 URL 주소(Gather.town)의 영향이 큰 것으로 보입니다. 이외에도 재미있는 것은 표기에 있습니다. 게더(Gather)의 공식적인 로마자 표기는 '개더'가 맞는데 처음에 게더타운(Gather Town)을 소개할 때 '게더타운'으로 소개되면서 이 명칭이 굳어져 버렸습니다. 정확하진 않지만 아마 개더(Gather)와 투게더(Together) 단어를 착각해서 벌어진 일이라고 유추됩니다. 한국에서는 기업의 행사 및 학교의 온라인수업 등으로 활용되며 이름을 알리기 시작해 2022년 1월에 한국 지사도 설립했습니다.

게더타운의 장점은 웹 기반이라 별도의 설치 프로그램이 필요하지 않고 다양한 웹 임베딩이 가능해 비교적 낮은 사양에서도 프로그램을 실행할 수 있으며 3차원 메타버스에서 벌어질 수 있는 3D 멀미의 가능성이 적다는 것입니다.

게더타운의 컴퓨터 권장 사양
모든 컴퓨터(노트북 또는 데스크톱) 및 OS(Windows, Mac OS, Linux)에서 사용할 수 있으며, 구글 크롬, 파이어폭스, 사파리의 웹 브라우저로도 접속이 가능합니다. 최적의 접속을 위해서 2.4GHz 듀얼 코어, 8GB RAM 시스템 사양 및 10Mbps 다운로드, 3Mbps 업로드 인터넷 속도를 권장합니다.

## 계정 만들기

게더타운은 별도의 로그인 없이도 접속이 가능해 따로 회원가입을 하거나 계정을 만들 필요가 없습니다. 다만, 다른 사람의 공간을 방문하거나 내가 만든 스페이스를 저장하려면 회원가입을 하는 것을 권장합니다. 게더타운 홈페이지에 접속한 뒤 상단 메뉴바 오른쪽에서 'Sign in'을 클릭하면 회원가입을 할 수 있습니다. 한국어 번역을 실행한 경우 '로그인 시도'를 클릭하면 됩니다. 이미 계정 생성을 완료했다면, 로그인을 시도하고 그렇지 않다면 아래 방법을 따라 가입을 진행합니다.

▲ 게더타운 홈페이지 화면

▲ 게더타운 회원가입 방법은 두 가지로 구글과 이메일이 있습니다.

①번의 'Sign in with Google'은 구글 자격 증명(OAuth)¹ 을 이용해 구글 계정이 있다면 가입할 수 있습니다. ②번의 'E-mail'은 이메일 주소를 입력하고 메일로 받은 여섯 자리 인증 코드를 입력하면 됩니다. 두 가지 방법 중 하나를 선택해 회원가입을 완료합니다.

▲ 로그인 후 나타나는 게더타운 홈 화면

1   OAuth(open standard for authorization) : 한번의 인증 절차로 다른 웹 서비스를 이용할 때 아이디와 패스워드의 개인 정보를 전송하지 않고도 자신의 접근 또는 기타 권한을 부여할 수 있도록 하는 것을 말한다.

## 비용안내

게더타운은 서비스 이용에 대한 요금을 홈페이지에 안내하고 있습니다. 진행할 행사의 규모와 참가 인원수를 파악해 알맞은 요금을 선택하세요.

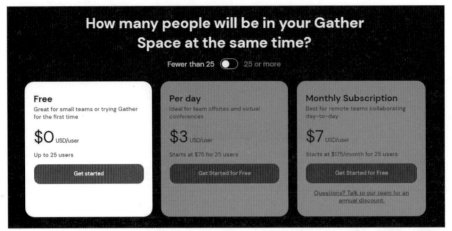

▲ 최대 25명의 동시 사용자에게 서비스 이용을 무료로 제공하며 25명 이상 접속하더라도 요금이 자동 청구되지 않습니다.

- **무료:** 최대 25명의 동시 사용자에게 무료로 제공됩니다. 25명 이상의 사용자가 접속하더라도 요금은 청구되지 않지만 공간의 안정성과 성능이 저하됩니다.

- **하루:** 예약한 기간 동안 선불로 지불합니다. 예약이 2일을 초과하는 경우 할인된 요금으로 청구됩니다. 예약 시 자동으로 'Monthly Guarntee(월간 가격 보장)'로 표기됩니다. 게더타운을 이용해 전시회 및 이벤트 개최가 많은 경우 아래 월간 요금제를 추천합니다.

- **매달:** 가입 후 30일 마다 자동 갱신되는 요금제입니다. 자동 갱신을 원하지 않는다면 취소 후 'Per day' 요금제를 이용해 주세요. 구독 기간이 끝날 때까지 모든 구독 기능에 계속 엑세스 할 수 있습니다.

## 할인 제공

게더타운은 교육 기관 및 비영리 단체의 경우 30% 할인된 요금으로 스페이스를 업그레이드 할 수 있습니다. 할인과 관련한 자세한 사항은 게더타운 홈페이지를 참고해 주세요.

URL https://support.gather.town/help/reservation-subscription-faqs

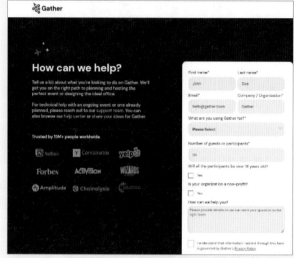

▲ 게더타운은 교육 기관 및 비영리 단체의 경우 할인코드를 보내줍니다.

# 시작화면과 캐릭터 설정

## 시작화면

로그인 후 나만의 스페이스를 만들고 싶다면 홈 화면의 상단 메뉴에서 'My Space'를 클릭합니다. 처음이라면 빈 화면이 나타나고 한 번이라도 다른 스페이스를 방문한 적이 있다면 마지막으로 방문했던 스페이스가 나타납니다.

URL app.gather.town/appp

▲ 로그인한 후 처음 'My Space'를 클릭했을 때 나타나는 화면

▲ 내가 만든 스페이스 및 방문한 스페이스는 'My Space'에서 모두 확인할 수 있습니다.

① My Spaces : 소유한 공간 및 방문한 공간 확인

② Last Visited : 마지막으로 방문한 공간

③ Created Spaces : 소유한 공간

④ Profile : 캐릭터 및 캐릭터 이름 수정, Sign Out

⑤ Create Space : 새 공간 생성

## 캐릭터 설정

로그인 후 게더타운을 처음 방문하면 내 캐릭터를 설정하게 됩니다. 캐릭터의 Base(피부, 헤어, 수염), Clothing(상의, 하의, 신발), Accessories(모자, 안경, 기타), Special(특별 캐릭터)을 선택한 뒤 이름을 입력합니다. 모두 완료했다면 'Finish'를 클릭합니다. 스페이스 입장 후에도 캐릭터 설정과 이름은 언제든지 변경할 수 있습니다.

▲ 회원가입을 완료하면 캐릭터 선택 화면이 이어집니다.

### • 아바타의 캐릭터 및 이름 변경 방법

로그인 후 처음 설정했던 캐릭터를 다양한 방법으로 변경할 수 있습니다. 내가 만든 스페이스나 초대받은 스페이스에 입장할 때 분위기에 맞게 캐릭터를 탈바꿈할 수 있습니다.

① 게더타운 메뉴 상단의 'Profile'을 클릭한 뒤 'Edit Character'를 선택합니다.

② 캐릭터 편집 화면이 나타나면 마음에 드는 아이템을 선택해 캐릭터를 꾸며주고 'Finish Editing'을 클릭합니다.

**스페이스 입장 후 아바타 변경 방법**
스페이스 화면 하단의 'Name'을 클릭한 뒤 'Edit'을 선택하면 캐릭터 이름도 변경할 수 있습니다.

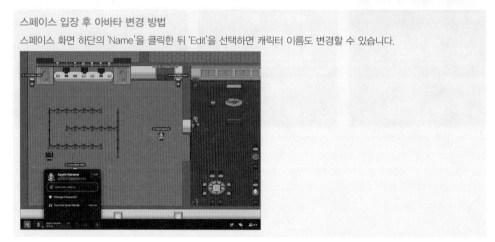

# 기본 조작

## Navigation Bar(탐색 표시줄)

Navigation Bar(이하 탐색 표시줄)은 스페이스 접속 후에 자주 사용하는 기능으로 아바타의 캐릭터 및 이름 변경이 가능하며 다른 참가자에게 이모티콘으로 감정을 표현하거나 화면 공유 등 다양한 기능이 집약되어 있습니다.

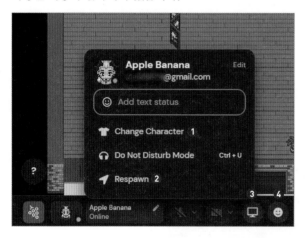

① Change Charater : 아바타의 캐릭터를 변경할 수 있습니다.
② Respawn : 스페이스에 처음 지정한 위치로 이동합니다.
③ 화면 공유 : 스페이스 참여자들에게 화면을 공유할 수 있습니다.
④ 이모티콘 : 이모티콘을 사용하여 다른 사람들에게 감정을 나타낼 수 있습니다.

### 이모티콘 – 손들기

이모티콘 중에 손들기는 우측 참가자 패널에서 손들기 순서대로 참가자 순서가 배열되는 기능이 있습니다. 따라서 활동 중 참가자들에게 발언권을 줄 때 사용하면 유용합니다.

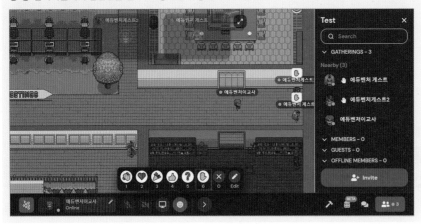

## 오디오 및 비디오 설정

스페이스에 입장하기 전 카메라에 비친 내 모습을 점검하고 마이크의 출력 상태를 확인해 볼 수 있도록 오디오 및 비디오를 설정할 수 있습니다.

### • 'Check Your Hair'

스페이스에 입장 시 'Check Your Hair' 화면이 표시됩니다. 비디오에서 나의 모습을 미리 점검하고 카메라와 마이크 및 스피커를 확인할 수 있습니다.

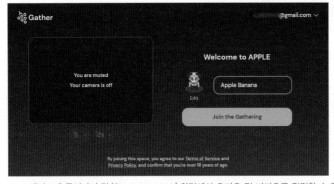

▲ 스페이스에 들어가기 전 'Check Your Hair' 화면에서 오디오 및 비디오를 점검할 수 있습니다.

## ● 스페이스

스페이스에서도 오디오와 비디오의 설정을 관리할 수 있습니다. 먼저 스페이스 화면 하단의 게더타운 아이콘을 클릭한 다음 'Settings'을 선택합니다. 다음 'Settings' 대화상자가 나타나면 'User' 탭을 클릭하고 대화상자 좌측 메뉴 상단의 'Audio & Video'를 클릭합니다.

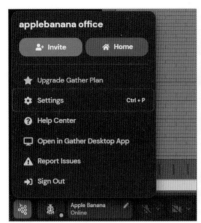 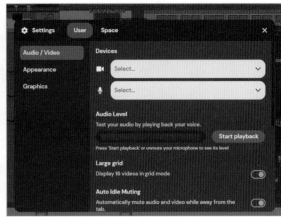

▲ 'Settings' 대화상자의 'User'에서 오디오 및 비디오 기능을 관리할 수 있습니다.

## 다른 사람 찾기

같은 스페이스에 있는 참여자를 찾거나 혹은 길을 잃어 행사의 운영자를 찾아야 할 때 '다른 사람 찾기' 기능을 사용하면 편리합니다. 이 기능은 총 세 가지 방법으로 사용할 수 있습니다.

▲ 길을 잃어버렸거나 특정 참가자를 찾을 때 유용합니다.

## • Locate on map

①번 '에듀벤처이교사'가 ②번 '에듀벤처 게스트'의 이름을 클릭한 뒤 'Locate on map'을 선택하면 ②번 '에듀벤처 게스트'의 위치를 알려주는 듯한 검은색 선이 나타납니다. 이 연결선을 잘 따라가면 찾고 있던 ②번 '에듀벤처 게스트'에게 쉽게 갈 수 있습니다.

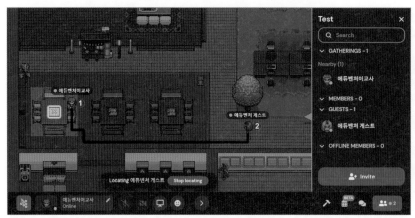

▲ 화면에 보이는 검은색 선을 따라 가면 찾고 있던 참가자의 캐릭터가 보입니다.

## • Follow

①번 '에듀벤처이교사'가 ②번 '에듀벤처 게스트'의 이름을 클릭한 뒤 'Follow'를 선택하면 ①번 '에듀벤처이교사'가 ②번 '에듀벤처 게스트'를 계속 따라다니게 됩니다. 만약 따라다니는 것을 멈추고 싶다면 하단 표시줄에 'Stop following'을 클릭합니다.

▲ 'Follow'를 선택한 캐릭터를 자동으로 따라 다니게 됩니다.

## • Request to Lead

①번 '에듀벤처이교사'가 ②번 '에듀벤처 게스트'의 이름을 클릭한 뒤 'Request to Lead'를 선택하면 ②번 '에듀벤처 게스트'의 화면에 'Request to Lead'가 팝업으로 생성됩니다. ②번 '에듀벤처 게스트'가 수락을 선택하면 'Follow'와는 반대로 ②번 '에듀벤처 게스트'가 ①번 '에듀벤처이교사'를 계속 따라다니게 됩니다. 만약 따라다니는 것을 멈추고 싶다면 하단 표시줄에 'Stop following'을 클릭합니다.

▲ 'Follow'와 반대 기능으로 'Request to Lead'를 선택한 캐릭터를 따라다니게 됩니다.

▲ 따라다니는 것을 멈추고 싶다면 메뉴 하단의 'Stop Following'을 클릭해 주세요.

게더타운은 단축키만 잘 익혀도 아바타의 이동과 상호작용 등 다양한 모드를 쉽게 활용할 수 있습니다.

- G : 고스트 모드로 반투명으로 보이며 다른 참가자를 통과해 이동할 수 있습니다.
- X : 오브젝트와 상호작용이 가능합니다. 키보드의 X키를 누르면 해당 오브젝트에 연결된 애플리케이션이 작동합니다.
- Z : – 아바타가 춤을 출 수 있습니다.
- W A S D 또는 ↑ ← ↓ → : 방향키로 아바타가 이동할 수 있습니다.

스페이스에서 1에서 6까지의 숫자 키를 눌러 감정을 표현할 수 있습니다.
- 1 : 박수
- 2 : 하트
- 3 : 축하 폭죽
- 4 : 엄지 척
- 5 : 물음표
- 6 : 손들기

# 다른 사람과 대화하기

## 채팅

화면의 하단 우측에서 채팅 버튼을 클릭하면 다른 사람과 텍스트로 대화를 나눌 수 있습니다. 메시지를 주고 받을 수 있는 채팅의 방법은 세 가지입니다.

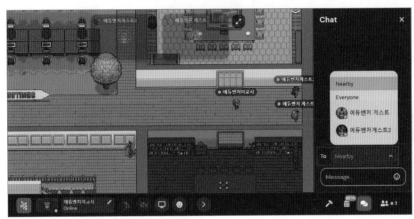

▲ 나의 캐릭터 근처에 있는 사람들과 채팅할 수 있습니다.

① Everyone : 스페이스의 모든 사람에게 메시지가 전송됩니다.

② Nearby : 나와 근처에 있는 사람(타일 기준 5칸 이내) 또는 같은 스페이스에 있는 사람들에게 메시지가 전송됩니다.

③ 개인 : 선택한 사람에게만 메시지가 전송됩니다.

# 버블

버블은 상대방과 속삭이는 기능입니다. 귓속말 기능이라고 생각하면 쉽습니다. 사용 방법은 대화를 원하는 상대 캐릭터를 더블 클릭하거나 마우스 오른쪽 버튼 클릭 후 'Start bubble'를 선택하면 채팅을 시작할 수 있습니다. 버블을 멈추려면 상대방을 떠나 이동하면 하거나 'Leave Bubble'를 클릭합니다.

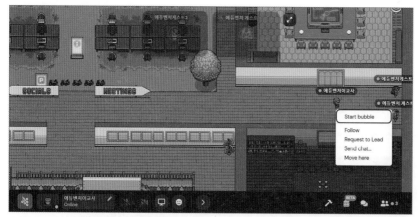

▲ 'Start Bubble'를 클릭하면 다른 상대방과 속삭일 수 있습니다.

▲ 버블을 종료하고 싶으면 상대방을 떠나 이동하거나 'Leave Bubble'을 클릭합니다.

# 초대 및 차단하기

## 초대

다른 사람을 초대하려면 스페이스의 주소를 복사해 공유하거나 또는 'Invite'를 선택해 만료 기한
이 설정된 주소를 알려주는 방법이 있습니다. 또 게스트의 이메일 주소로도 초대할 수 있습니다.

### ● 스페이스 주소 공유

스페이스 페이지의 주소창에서 링크를 복사해 전달하는 방법으로 가장 편리하게 게스트를 초대할
수 있습니다.

▲ 스페이스 주소 공유는 링크를 복사 · 붙여넣기하는 것만으로 게스트를 초대할 수 있어 가장 편리합니다.

### ● Invite를 클릭해 주소 공유

'Invite'를 클릭하면 다음과 같이 멤버와 게스트로 나뉘어 주소를 공유할 수 있고, 권한에 따라 설정
메뉴가 다릅니다.

 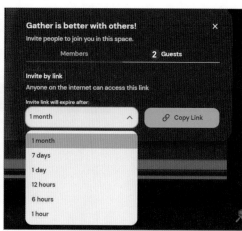

① Members(회원) : 이메일 초대와 링크 초대 두 가지로 나뉘며, 게더타운에 가입된 계정이 있어야 입장할 수 있습니다.

- 이메일 초대 : 가입할 때 입력한 이메일 주소로 초대 링크가 발송되며 메일 확인을 통해 입장하게 됩니다.

- 링크 초대 : 회원의 경우 링크로 바로 입장할 수 있지만, 비회원의 경우 이메일 주소를 입력해 게더타운 회원가입 후 입장하게 됩니다. 이때 초대에 사용된 링크는 초대일로부터 30일 뒤 자동 종료됩니다.

② Guests(비회원) : 비회원으로 링크 초대 시 게더타운 계정 유·무와 상관없이 스페이스에 입장할 수 있고 관리자는 기한을 자유롭게 정할 수 있습니다. 주의할 점은 초대 링크의 기한이 만료된 이후에도 링크 주소만 알고 있다면 스페이스 방문이 가능해 이를 원치 않으면 해당 게스트를 차단하거나 스페이스에 비밀번호를 설정해 입장을 제한할 수 있습니다.

## 차단

상대방의 오디오와 비디오의 기능을 해제하거나 스페이스에 초대하지 않은 참가자를 내보내는 방법 등 다양한 차단 방법이 있습니다.

▲ 초대하지 않은 참가자는 차단 기능으로 스페이스에서 내보낼 수 있으며, 차단 메뉴 확인은 참가자의 이름 옆 더보기 버튼을 클릭하면 됩니다.

### • Block

스페이스의 모든 참가자는 차단 기능을 이용해 상대방의 오디오와 비디오를 차단할 수 있습니다. 상대방에게 차단 사항에 대한 알림은 따로 발송되지 않으며 나의 비디오와 오디오를 계속해서 듣고 볼 수 있습니다. 차단을 해제하려면 좌측 참가자 목록에서 이름을 선택해 해제할 수 있습니다.

### • Kick from space

관리자는 스페이스에서 게스트를 내보낼 수 있습니다. 이 기능은 주로 스페이스 관리 차원에서 활동하지 않는 게스트를 삭제하기 위해 사용됩니다.

### • Ban from space

관리자는 스페이스에서 게스트를 차단할 수 있으며 일시적 차단 외에 사용자의 참여를 영구적으로 제한할 수도 있습니다. 사용자 차단 해제는 'Space Dashboard'에서 가능하며 오직 관리자만이 차단을 해제할 수 있는 권한이 있습니다. 차단은 사용자가 게더타운 회원이라면 ID로, 비회원이라면 IP 주소를 기준으로 차단됩니다.

# 공간 제작

## 템플릿으로 스페이스 만들기

게더타운의 장점 중 하나는 손쉽게 나의 스페이스를 만들 수 있다는 것입니다. 게더타운에서 제공하는 템플릿을 이용해 몇 번의 클릭만으로 내가 필요한 오브젝트들이 갖추어진 스페이스를 만들 수 있습니다.

로그인 후 상단 메뉴 바의 'Create Space'를 클릭하면 아래와 같이 스페이스의 생성 목적을 묻는 화면이 나타납니다. 각각의 템플릿을 확인한 후 제작하려는 스페이스와 부합하는 것으로 선택합니다.

▲ 'Create Space' 화면

① Remote office : 'Remote office'를 선택하면 온라인상의 사무실을 만들 수 있습니다. 설정 창에서 오피스 크기를 조정할 수 있으며 그 설정에 맞는 템플릿이 자동으로 선택됩니다.

② Team social : 'Team social'을 선택하면 스페이스 이름란과 비밀번호 설정을 묻는 대화상자가 나타납니다. 스페이스 명을 입력하고 'Create Space'를 클릭하면 카트, 체스 게임 및 모임 등을 할 수 있는 템플릿으로 자동 연결됩니다.

③ Conference : 행사나 이벤트 개최를 위해 스페이스를 제작하는 경우 선택합니다. 준비 중인 이벤트에 대한 물음에 답한 뒤 추가할 룸을 선택해 스페이스를 만들 수 있습니다.

④ Advanced templates and setup for experts : 'Advanced templates and setup for experts'를 클릭하면 템플릿 선택 화면으로 이어집니다. 스페이스를 처음 만드는 사용자라면 템플릿 리스트를 선택할 수 있는 'Advanced templates and setup for experts'를 추천합니다. 만약 템플릿 도움 없이 아예 빈 스페이스에서 시작하고 싶다면 'Advanced templates and setup for experts'를 클릭한 후 'Start from blank'를 선택하세요. 뒤에서 자세히 다루고 있는 맵 메이커 기능으로 직접 스페이스 제작을 시작할 수 있습니다.

## 템플릿을 선택하거나 혹은 직접 설계 가능

템플릿은 메뉴 상단의 검색란과 카테고리를 통해 찾아 볼 수 있습니다. 천천히 살펴본 뒤 내가 제작하려고 하는 스페이스에 적합한 템플릿을 발견하면 이미지를 더블 클릭합니다. 화면 우측에 선택한 템플릿에 대한 상세 소개가 나오고 하단에 스페이스의 기본 정보를 입력하는 공란이 보입니다. 스페이스의 이름을 작성하고 목적을 선택한 뒤 'Create space'를 클릭하면 스페이스가 만들어 집니다. 스페이스를 만들 때 스페이스의 목적은 반드시 선택해야만 합니다. 스페이스 목적에 따라 기능 차이는 없지만, 일부 업데이트 항목이 다를 수 있습니다.

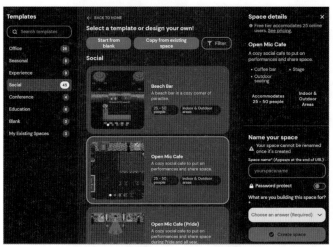

▲ 기본 템플릿을 선택해 사용하거나 적합한 템플릿이 없을 경우 직접 설계해 사용할 수도 있습니다.

TIP  스페이스의 이름은 영어, 아라비아 숫자, -, _만으로 구성되며, 한 번 정한 이름은 절대 변경할 수 없어 신중하게 입력해야 합니다. 이름은 스페이스의 주소 맨 뒤에 작성됩니다.( https://app.gather.town/app/)

## 템플릿 패스워드 설정

스페이스에 패스워드가 필요한 경우 템플릿 화면에서 바로 설정할 수 있습니다. 템플릿 화면 왼쪽 하단에서 'Password protect'를 클릭합니다. 패스워드 입력란이 나타나면 원하는 암호를 설정한 후 'OK'를 클릭합니다. 스페이스의 패스워드 설정 여부는 맵의 제작을 완료한 후에 결정해도 상관없습니다.

# 빌드 모드와 맵 메이커

빌드 모드와 맵 메이커는 스페이스를 편집할 수 있는 공통점이 있지만 장치의 기능과 편집 방식에는 조금씩 차이가 있습니다. 빌드 모드와 맵 메이커의 차이를 확실히 알아봅시다.

## 빌드 모드

① 스페이스 화면 탐색 표시줄에서 빌드 모드 버튼을 클릭해 빌드 패널을 활성화합니다.

② 화면에 격자 무늬의 그리드가 나타나고 오른쪽에 오브젝트를 놓을 수 있는 메뉴가 나타납니다.

③ 빌드 패널 상단의 'Build'를 클릭하면 스페이스에 오브젝트를 추가할 수 있습니다. 만약 오브젝트를 잘못 배치한 경우 빌드 패널의 오른쪽에 'Erase'를 선택해 삭제하고 싶은 오브젝트를 클릭하면 됩니다.

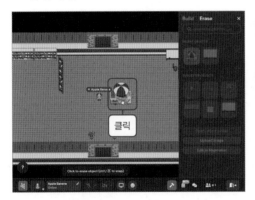 

### • 빌드 패널 오브젝트

오브젝트는 스페이스를 좀 더 풍성하게 만들어주는 인테리어 장치로 카테고리별로 분류되어 있어 용도별로 쉽게 찾을 수 있고 메뉴 상단의 검색란을 이용하면 원하는 오브젝트를 빠르게 검색할 수도 있습니다. 다만 아쉬운 점은 영어로만 검색이 가능해 한글로는 찾기 어렵다는 것입니다.

스페이스에 배치하고 싶은 오브젝트를 선택합니다. 오브젝트는 미리 주어진 옵션 내에서 색을 변경할 수 있고 놓이는 방향을 조정할 수도 있습니다(단, 조정이 불가한 오브젝트도 있습니다). 오브젝트의 색 변경 아래에 보이는 'Object Interactions'은 오브젝트에 효과를 심어주는 기능으로 기본값은 '효과 없음'으로 지정되어 있습니다. 만일 오브젝트에 효과를 주고 싶다면 원하는 효과를 클릭합니다. 웹 사이트 주소를 연결할 수 있고, 특정 키를 누르면 이미지가 보여지는 등 다양한 효과를 적용할 수 있습니다. 이때 ✳가 표시되어 있는 곳은 필수 입력란으로 빠짐없이 작성해야 'Object Interactions' 아래쪽의 'Select' 버튼이 활성화됩니다. 작성이 모두 끝났다면, 'Select'를 클릭합니다. 맵에서 반투명한 오브젝트의 상태를 확인하고, 배치를 원하는 곳을 클릭합니다. 반투명의 오브젝트가 선명해지면서 배치가 완료된 것을 확인할 수 있습니다(오브젝트 상호작용은 뒤에 맵 메이커에서 다시 한번 자세히 설명을 드리도록 하겠습니다).

빌드 패널은 오브젝트를 간단하게 배치하고 삭제할 수 있는 기능이라면, 맵 메이커는 스페이스를 목적에 맞게 편집하고 최적화 할 수 있는 기능을 가진 곳입니다. 맵 메이커에서는 오브젝트를 배치하는 것 외에 이동과 타일 효과를 적용할 수 있으며 벽과 바닥을 만들고 수정할 수 있습니다. 최근 게더타운의 기능이 업데이트 되면서 일부 템플릿의 빌드 모드 화면이 변경되었습니다. 스페이스를 만들 때 'Remote office'나 'Team social'을 선택하거나 템플릿에서 스페이스의 목적을 'Remote office'로 선택한 후 빌드 버튼을 클릭합니다. 빌드 패널이 아래와 같이 나타나고 오른쪽 상단의 'Map'을 클릭하면 템플릿의 맵 크기와 분위기에 맞춰 스페이스를 쉽게 변경할 수 있는 메뉴가 나타납니다.

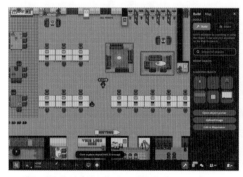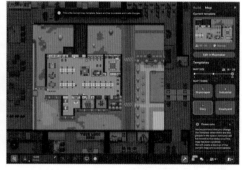

▶ 최근 새롭게 업데이트된 빌드 패널 화면

게더타운의 스페이스 도구들은 끊임없이 기능이 업데이트 되고 있어서 추후 다른 목적의 스페이스에도 이와 같은 업데이트가 적용될 수도 있습니다.

Open object picker

최근에 사용한 오브젝트(Recent objects)나 추천 오브젝트(Suggested objects)에 있는 오브젝트를 선택한 뒤 맵에서 클릭하면 오브젝트가 바로 생성됩니다. 이외의 오브젝트를 생성하기 위해서는 'Open object picker'를 선택합니다. 기존의 화면 위에 새 창이 열리며 게더타운의 다양한 오브젝트를 확인할 수 있습니다.

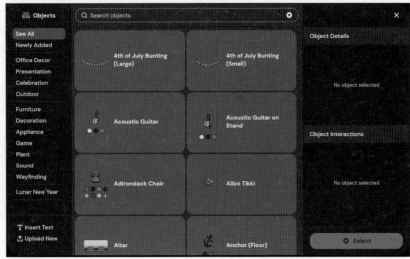

▲ 빌드 패널 오브젝트 화면. 게더타운의 다양한 오브젝트를 확인할 수 있습니다.

## 맵 메이커

맵 메이커는 말 그대로 맵을 만들 수 있는 기능입니다. 맵 케이커를 활성화하기 위해 빌드 패널 하단의 'Edit in Mapmaker'를 선택합니다. 새 창으로 맵 메이커 화면이 나타납니다.

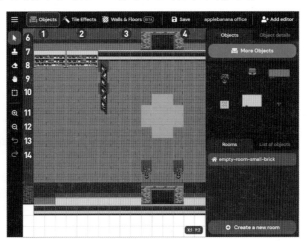

▶ 맵 메이커의 기본 화면

## • 메뉴 패널

맵 메이커의 상단 메뉴에는 'Object', 'Tile Effects', 'Walls&Floors', 'Save'가 배치되어 있고 맵 메이커는 변경사항이 자동 저장되지 않아 작업을 마칠 때마다 의식적으로 상단의 'Save'를 클릭해야 작업 결과가 스페이스에 반영됩니다.

① 🔲 Objects : 오브젝트를 추가하거나 삭제 및 움직이는 모드입니다.

② 🔲 Tile Effects : 타일 효과를 추가하고 삭제하는 모드입니다.

③ 🔲 Walls & Floors : 벽과 바닥 타일을 만들거나 삭제하는 모드입니다.

④ 🔲 Save : 맵 메이커의 변경사항을 저장합니다.

## • 도구 패널

맵 메이커의 도구 패널에는 오브젝트를 선택하는 'Select'가 있으며, 'Stamp'와 'Erase'를 이용해 선택한 아이템을 맵에 추가하거나 지울 수 있습니다. 손바닥 모양의 'Hand'는 맵 이동, 돋보기 모양의 'ZOOM'은 마우스 스크롤을 이용해 화면의 줌 인-아웃이 가능하며 화살표 모양의 'Undo'와 'Redo'는 작업을 취소하거나 복구할 수 있습니다.

⑥ ▶ Select(선택) : 이미 배치한 오브젝트의 자리를 이동하거나 속성을 변경할 수 있습니다.

⑦ ⬇ Stamp(도장) : 새로운 오브젝트를 맵에 배치합니다.

⑧ ⬆ Erase(지우개) : 맵에 있는 오브젝트를 삭제합니다.

⑨ ✋ Hand(손) : 맵을 움직여 이동합니다.

⑩ ⬜ Box Select(그룹 선택) : 여러 개의 오브젝트와 타일 이펙트를 드래그로 선택할 수 있습니다.

⑪ 🔍 Zoom In(줌-인) : 화면을 확대합니다.

⑫ 🔍 Zoom Out(줌-아웃) : 화면을 축소합니다.

⑬ ↩ Undo(되돌리기) : 맵 에디터에서 직전에 취한 동작을 취소합니다.

⑭ ↪ Redo(복구하기) : 되돌렸던 동작을 다시 실행합니다.

---

**TIP**

① 맵 메이커가 열린 상태로 빌드 패널에 수정사항이 발생했을 때, 기존에 열려있던 맵 메이커에 맵을 수정한 후 저장하게 되면 빌드 패널에 추가한 오브젝트가 맵 메이커에 반영되지 않습니다.

② 여러 사람이 함께 맵을 수정해야하는 경우, 두 사람이 동시에 맵 메이커를 열고 작업을 하면 한 사람이 맵을 수정한 후 저장한 내용이 맵 메이커가 열려있는 다른 사람에게 자동으로 반영되지 않습니다. 그러므로 항상 모든 수정사항이 반영된 맵에서 맵 메이커를 열어 맵을 수정해야 합니다.

## 바닥과 벽 만들기

맵 메이커에서 직접 바닥과 벽을 만들어 스페이스를 제작하는 방법을 알아보겠습니다. 그 전에 먼저 배경(Background)과 전경(Foreground)의 개념에 대해 잠시 짚어보겠습니다. 간단하게 나누어 보면 게더타운에서 배경은 캐릭터의 아래쪽에 배치되는 층이며 전경은 캐릭터의 위쪽. 즉 캐릭터 앞에 배치되게 됩니다.

▲ 배경(Background)

▲ 배경 + 캐릭터

▲ 배경 + 캐릭터 +전경

배경과 전경의 개념을 확실히 익혔다면 본격적으로 맵 메이커로 직접 바닥과 벽을 만들어 스페이스를 제작하는 과정을 살펴보겠습니다.

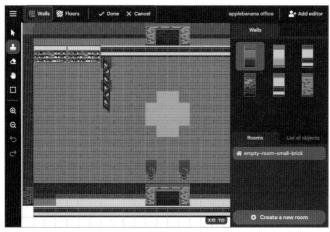

▲ Walls&Floors 화면

먼저 맵 메이커의 상단 메뉴에서 'Walls & Floors'를 클릭합니다. 화면 상단에 관련 메뉴가 나타나고 우측에 타일이 나타납니다. 바닥으로 설정할 알맞은 타일을 선택한 후 좌측에서 스탬프(▣)를 클릭합니다. 마우스 오른쪽 버튼을 클릭한 후 드래그하면 바닥 영역이 선택한 타일로 가득 채워지는 것을 볼 수 있습니다. 잘못 그려진 타일을 지워야 할 때는 메뉴에서 지우개(▣)를 선택해 지웁니다. 이렇게 간단한 방법으로 벽과 바닥을 만들어 내가 원하는 공간을 자유롭게 만들 수 있습니다.

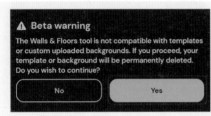

만약 이미지와 같이 사용하고 있는 배경 이미지가 모두 삭제된다는 경고 메시지가 나타나면 현재 스페이스에 배경 이미지가 업로드 되어 있는 경우입니다. 따라서 기존의 배경 이미지가 있다면 'Walls&Floors' 기능을 사용할 수 없습니다. 게더타운에서 배경을 만들고자 하는 경우 바닥과 벽 타일을 이용해 배경으로 사용하거나 이미지를 업로드해 배경으로 사용하는 방법 중 한 가지만 선택할 수 있습니다. 기존 배경 이미지가 있는 스페이스의 경우 배경 이미지 삭제를 묻는 대화상자에서 'Yes'를 클릭하면 기존의 배경 이미지는 모두 사라지고 흰색 바탕만 남게 됩니다.

## 이미지를 이용해 배경과 전경 만들기

맵 메이커에서 내가 가지고 있는 이미지를 이용해 배경과 전경을 설정할 수도 있습니다. 문이나 그림자 등을 전경으로 만들어 업로드 하면 아래 그림과 같이 현실과 유사한 공간 배치를 만들어 낼 수 있습니다.

우선 맵 메이커 좌측 상단의 목록 단추(☰)를 클릭해 'Background & Foreground'를 선택하면 이미지의 배경과 전경을 업로드하거나 이미 설정되어있는 배경의 이미지를 다운로드 할 수 있습니다.

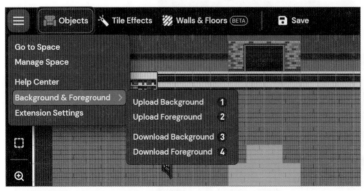

▲ 이미지를 배경과 전경으로 만들 수 있는 'Background & Foreground'

① Upload Background : 배경 이미지를 업로드합니다.

② Upload Foreground : 전경 이미지를 업로드합니다.

③ Download Background : 배경 이미지를 다운로드합니다.

④ Download Foreground : 전경 이미지를 다운로드합니다.

TIP

① 게더타운 템플릿 중 배경과 전경 이미지를 이용하여 만든 템플릿으로 맵을 만들면 해당 맵의 배경과 전경을 다운 받아 볼 수 있습니다.

② 'Walls & Floors' 기능으로 배경을 제작할 경우 'Download Background'를 실행하면 배경을 한 장의 이미지 파일로 다운로드 할 수 있습니다.

게더타운에 배경 이미지를 업로드 할 때 주의해야 할 점은 바로 맵의 크기입니다. 보통 타일 한 칸의 크기는 $32 \times 32\text{px}$ 이므로 만들고자 하는 맵의 크기에 알맞은 사이즈로 배경 이미지를 만들어 업로드 해야 합니다.

▲ 게더타운은 맵의 크기를 고려해 이미지를 만들어야 합니다.

● **맵 메이커 오브젝트**

게더타운에서 배경 위에 배치되는 사물을 오브젝트라고 합니다. 게더타운의 장점 중 하나가 스페이스에 마음에 드는 오브젝트를 내가 원하는 위치에 배치할 수 있다는 것입니다. 예를 들어 게더타운에 내 사무실을 만들어본다면 사무실에 필요하거나 꾸미고 싶은 오브젝트를 골라 스페이스를 꾸미고 다양한 오브젝트를 배치해 현실의 공간과 유사한 맵을 만

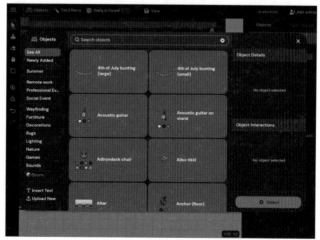

▲ 맵 메이커의 오브젝트 화면

들어 볼 수도 있습니다. 맵 메이커에서 오브젝트와 관련된 메뉴를 더 자세히 알아보도록 하겠습니다.

맵 메이커 상단 메뉴에서 'Objects'를 선택하면 화면 우측 오브젝트 패널이 나타납니다. 이곳에서 'More Objects'를 클릭하면 빌드 패널에서 'Open object picker'를 클릭했을 때와 동일한 대화상자가 화면에 나타나 오브젝트를 검색해 배치할 수 있습니다.

오브젝트의 왼쪽 하단에서 'Insert Text'를 클릭하면 텍스트를 입력해 오브젝트로 사용할 수 있습니다. 또 오브젝트 중에 마음에 드는 것이 없다면 'Upload New'를 이용해 내가 가진 이미지로 나만의 오브젝트도 만들 수 있습니다.

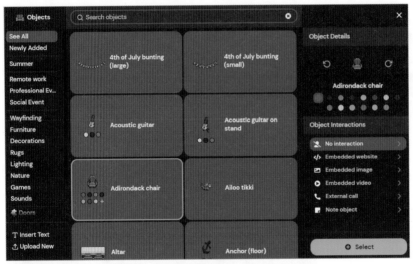

▲ 오브젝트의 크기 및 색상을 변경해 나만의 오브젝트를 만들 수 있습니다.

## ● 맵 메이커 오브젝트 배치하기

게더타운 오브젝트를 선택하고나면 오브젝트의 각 특성이 나타나 색상이나 방향을 변경할 수 있으며, 아바타와 상호작용 할 수 있는 인터랙션도 설정할 수 있습니다. 가구처럼 상호작용이 따로 필요하지 않은 오브젝트를 맵에 놓을 거라면 색상과 방향정도만 결정한 다음 'No interaction'을 선택하고 'Select'를 클릭합니다. 빌드 모드와 맵 메이커의 오브젝트 배치는 조금 차이를 보이는데 첫 번째 빌드 모드에서는 그리드에 구애받지 않고 자유롭게 오브젝트를

배치할 수 있지만 맵 메이커에서는 그리드에 딱 맞추어 오브젝트를 배치할 수 있습니다. 또한 배율을 최대화하면 그리드 사이에도 오브젝트를 배치할 수 있습니다. 두 번째 빌드 모드에서는 오브젝트의 배치 및 삭제만 가능하지만, 맵 메이커에서는 삭제뿐만 아니라 왼쪽 메뉴의 'Select'를

이용해 색상이나 방향까지도 변경이 가능합니다. 세 번째 빌드모드
는 한 번 정한 오브젝트의 인터랙션 변경이 불가하지만, 맵 메이커
에서는 'Object details'를 통해 오브젝트에 연결된 링크 또는 파
일을 변경할 수 있습니다. 네 번째 맵 메이커에서는 화면의 오른쪽
아래 'List of Objects' 메뉴를 통해 한 타일에 배치된 여러 개의
오브젝트를 확인할 수도 있습니다. 오브젝트 이름 옆의 목록 단추
를 클릭하면 오브젝트의 위·아래 순서를 바꾸거나 오브젝트를 복
사 및 삭제할 수도 있습니다.

### ● 오브젝트에 미디어/웹 요소 추가하기

게더타운 오브젝트의 가장 큰 장점은 오브젝트에 다양한 미디어와 웹 요소를 추가해 사용자와 상
호작용할 수 있다는 것입니다. 게더타운에서 제공하는 인터랙션은 총 여섯 가지로 게임, 화이트
보드, 피아노와 같은 몇 가지 오브젝트를 제외하면 대부분의 오브젝트는 'No interaction'으로
설정되어 있습니다.

오브젝트에 인터랙션을 설정하려면 우선 맵 메이커 오른쪽 메뉴에서 'More objects'를 선택하고
'Object interactions'에서 적용하고 싶은 오브젝트를 선택합니다. 인터랙션의 종류에 따라 필
수 입력 사항이 다르기 때문에 작성란에 * 표시를 잘 확인해 작성을 완료하면 'Select' 버튼이 활
성화됩니다. * 표시 이외의 메뉴는 선택 입력사항으로 무시해도 큰 문제는 없지만 필요에 따라
잘 활용하면 오브젝트의 기능이 풍성해집니다.

① No interaction : 오브젝트에 상호작용을 설정하지 않습니다.

② Embedded website : 웹 페이지를 불러와 게더타운의 프레임
　안에서 보여줍니다.

③ Embedded image : PC의 이미지를 업로드하여 게더타운에
　서 보여줍니다.

④ Embedded video : 동영상 링크를 연결하여 게더타운에서 동
　영상을 보여줍니다.

⑤ External call : 링크를 새 창으로 연결할 수 있도록 해줍니다.

⑥ Note object : 메모를 보여줍니다.

## Object details

오브젝트를 배치한 후 맵 메이커에서 오브젝트를 선택하면 'Object details' 메뉴가 나타납니다. 이곳에서 인터랙션에 입력한 세부 내용들을 수정할 수 있습니다. 단, 오브젝트 인터랙션의 종류 자체를 수정할 수 없기 때문에 다른 종류의 인터랙션으로 수정해야 한다면 오브젝트를 다시 배치해야 합니다. 예를 들어 'Embedded website'로 설정한 오브젝트라면 임베드된 웹 사이트의 주소는 바꿀 수 있지만, 'Embedded image'로 설정을 변경할 수는 없어 'Embedded Image'로 오브젝트를 새로 설치해야 한다는 것입니다.

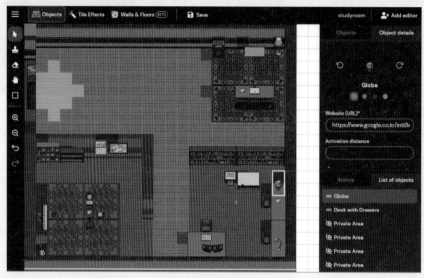

▲ 오브젝트의 세부 수정은 'Object details' 화면에서 가능합니다.

### • 오브젝트 상세설정

① Activation distance : 아바타가 해당 오브젝트와 어느 정도의 거리에 있어야 오브젝트의 인터랙션 기능이 작동되게 할지 거리를 정할 수 있습니다.

② Prompt message : 인터랙션이 설정되어 있는 개체들 근처에 가면 나타나는 'Press X to interact'가 'Prompt message'입니다. 'Prompt message' 란에 원하는 메시지를 입력하여 'Prompt message'를 변경할 수 있습니다.

③ Object image : 이미지 파일을 업로드하여 해당 오브젝트의 이미지를 바꿀 수 있습니다.

④ Active Image : 'Active image'를 추가하면 캐릭터가 'Activation distance' 안에 들어와 해당 오브젝트의 이미지가 'Active image'로 변경됩니다. 이 기능을 사용하면 문이 자동으로

열린다든가 보물상자의 뚜껑이 저절로 열리는 효과를 낼 수 있습니다.

## 인터렉티브 오브젝트 만들기

### 임베드 가능 여부 확인하기

웹 사이트의 링크 주소가 모두 게더타운에서 열린다는 보장은 없습니다. 인터랙션을 사용할 때는 링크하는 사이트에 따라 사용이 어려울 수도 있으니 사전에 확인해보는 것이 가장 좋습니다. 아래 웹 사이트 주소에서 게더타운의 임베드 가능 여부를 확인할 수 있습니다.

① www.w3schools.com에 접속한 뒤 HTML 화면에서 'iframe src' 다음에 임베드 하려는 웹 사이트 및 웹 페이지의 URL을 복사하여 붙여넣습니다.

URL https://www.w3schools.com/tags/tryit.asp?filename=tryhtml_iframe

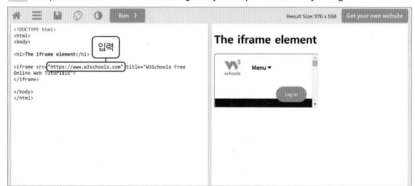

② 메뉴 상단의 초록색 'Run' 버튼을 클릭합니다.

③ 오른쪽 화면에 임베드한 해당 페이지가 바르게 나타나면 게더타운에서도 사용이 가능합니다.

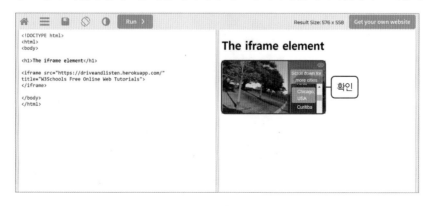

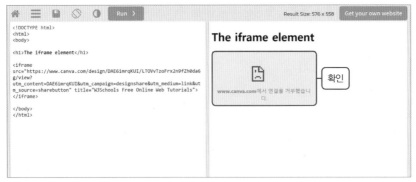

▲ 링크가 게더타운에서 사용이 불가능한 경우 프레임에 사이트가 나타나지 않습니다.

## 임베드된 이미지

게더타운은 PC 이미지를 업로드해 보여줄 수 있습니다. 이미지가 임베드된 오브젝트에서 키보드의 X 키를 누르면 원래 이미지를 보여줍니다.

① image : X 키를 누르면 원래 이미지를 보여줍니다. 이때 이미지를 최대 확대하므로 이미지가 브라우저 해상도보다 작으면 임의로 확대됩니다. 그래서 이미지 크기는 최소 가로 1000px 세로 600px이상의 해상도로 추천합니다. 세로 방향으로 긴 이미지는 스크롤하여 볼 수 있으며 png, jpg 포맷을 지원하고 최대 3mb 이하만 업로드 할 수 있습니다.

② Preview image : 캐릭터가 오브젝트에 가까이 왔을 때 하단 메뉴의 중앙에 나타납니다. 프리뷰 이미지는 가로 사이즈를 맞추기 때문에 세로가 길면 스크롤하여 보아야 하므로, 최대 가로 450px 세로 100px 비율로 만들면 스크롤 없이 사용할 수 있습니다.

## 임베드된 비디오

유튜브나 Vimeo와 같은 영상 링크를
입력해야 합니다. 비디오 링크를 입력하
고 오브젝트를 배치하면 캐릭터가 오브
젝트 근처에 갔을 때 왼쪽 아래에 비디
오 프리뷰가 나타납니다. X 키를 누르
면 비디오를 크게 볼 수 있습니다.

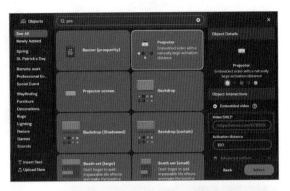

▲ 캐릭터가 오브젝트의 가까이 갔을 때 키보드의 X 키를 누르면 비디오를 크게 볼 수 있습니다.

> **TIP** 비디오가 링크로 연결된다고 해서 비디오 링크를 'Embedded Website'에 입력하면 비디오가 제대로 나타나
> 지 않습니다.

▲ 동영상 사이트에서 비디오를 비공개 처리한 경우 나타나는 화면

유튜브 등 동영상 사이트에서 해당 영상을 비공개 처리하면 게더타운에서도 동영상 재생이 어렵습
니다. 동영상이 공개되었더라도 '퍼가기'를 허용하지 않으면 역시나 영상을 재생할 수 없습니다.

▲ 동영상 사이트에서 퍼가기를 허용하지 않은 경우 나타나는 화면

## External call

'External call'은 'ZOOM'과 같은 화상회의 등 외부 링크를 새 창에서 열도록 안내합니다. 화면에 나타난 링크를 클릭하면 새 창으로 화면이 열립니다. ZOOM 회의 등을 완료한 뒤에는 'Re-enter'를 누르면 다시 스페이스로 들어갈 수 있습니다.

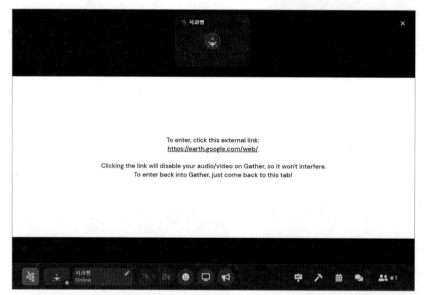

▲ 게더타운에서 화상회의 등 외부 링크는 새 창으로 열리도록 안내합니다.

▲ 화면의 'Re-enter'를 클릭하면 원래 게더타운 화면으로 돌아옵니다.

## Note object

간단한 메모를 포스트잇 형태로 보여줄 수 있는 인터랙션으로 목적에 따라 다양한 방법으로 활용이 가능합니다.

① 원하는 오브젝트를 선택한 뒤 오브젝트 인터랙션에서 'Note object'를 선택합니다.

② 'Message' 란에 메모를 입력하고 줄바꿈이 필요한 경우 \r이나 \n을 입력합니다. 빈 줄을 만들고 싶다면 \r\r이나 \n\n을 입력하면 됩니다. 링크 주소의 경우 자동으로 생성됩니다.

▲ 'Note object'는 간단한 메모를 포스트잇 형태로 보여줍니다.

## 타일 이펙트

맵 메이커에서만 할 수 있는 또 다른 기능은 바로 타일 이펙트입니다. 타일 이펙트란 타일을 이용해 캐릭터가 통과할 수 없는 영역을 만들거나 다른 룸으로 손쉽게 이동할 수 있는 지점을 만드는 효과를 말합니다. 게더타운 맵 전체에 깔려있는 정사각형의 도형을 타일이라고 부르는데  타일 하나당 32×32px로 구성되어 있고 캐릭터를 이동하기 위해 방향키를 누르면 타일 한 칸씩 이동하게 됩니다. 상단 메뉴의 타일 이펙트를 클릭하면 우측에 다섯 가지의 타일 이펙트 메뉴가 나타납니다.

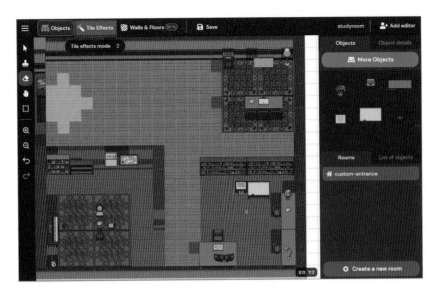

타일 이펙트를 클릭해 나타난 우측 메뉴에서 적용하고 싶은 효과를 선택하고 도구 패널에서 스탬프를 선택해 원하는 곳에 클릭합니다. 적용된 타일 이펙트를 지우려면 도구 패널에서 지우개를 선택한 후 지우려는 타일을 클릭합니다. 그리고 타일 이펙트는 같은 효과가 적용된 타일만 편집할 수 있습니다. 예를 들어 'Private Area' 타일을 선택했다면 'Private Area' 타일만 편집 가능하며 다른 효과의 타일은 편집되지 않습니다. 이런 기능을 통해 타일 이펙트를 좀 더 쉽게 편집할수 있습니다.

## 타일 이펙트의 기능

⊠ Impassable : 반투명 붉은 색 타일로 캐릭터가 이동할 수 없는 영역을 설정합니다. 벽이나 가구 등 캐릭터가 지나갈 수 없는 영역에 적용합니다.

◉ Spawn : 반투명 녹색 타일로 스페이스를 방문할 때 처음 도착하는 위치를 지정합니다. 입장 인원이 많은 스페이스에는 여러 개의 Spawn 타일을 설정하면 입장 시 캐릭터들끼리 겹치지 않아 혼란한 상황을 막을 수 있습니다.

> **TIP**  Spawn Tile ID를 설정하면 사용자 지정 위치를 만들 수 있습니다. 이렇게 만들어진 사용자 지정 위치는 캘린더 메뉴에서 사용자 지정 위치로 바로 텔레포트(공간이동) 하도록 설정할 수 있습니다.

▣ Portal : 반투명 푸른색 타일로 같은 스페이스 내의 다른 룸이나 스페이스로 연결해 줍니다. Portal 타일 설정 시 한쪽 방향으로만 이동이 가능하기 때문에 돌아오는 길이 필요한 경우 반드시 따로 설정해 주어야 합니다.

Private Area : 반투명 핑크색 타일로 소회의실을 나타내며 같은 이름으로 지정된 타일 안에 있는 사람들만 연결됩니다.

Spotlight : 반투명 주황색 타일로 같은 룸 안에 있는 100명 미만의 참가자에게 방송이 가능한 타일입니다. 100명 이상이 되는 경우 방송이 들리지 않는 참가자가 발생할 수 있습니다.

## 룸 설정하기

맵 메이커 화면 오른쪽 하단의 'Rooms' 메뉴를 이용하면 스페이스 내에 여러 개의 독립된 방을 만들 수 있습니다. 'Rooms' 패널의 하단에서 'Create A New Room'을 클릭합니다. 새 룸의 이름을 입력하고 Enter 키를 누르면 아래와 같은 세 가지 메뉴가 나타납니다.

① Create a blank room : 오브젝트가 없는 새 룸을 만들어줍니다.

② Choose from template : 게더타운의 템플릿 중 새 룸에 적용할 템플릿을 선택할 수 있도록 해줍니다.

③ Choose from an existing space : 지금까지 내가 만든 스페이스 중에서 선택한 방을 새 룸으로 복사하여 방을 만들 수 있도록 해줍니다. 단, 내가 만든 룸의 리스트를 불러오는데 예상보다 많은 시간이 걸릴 수 있습니다.

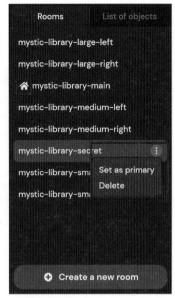

▲ Primary room을 설정한 화면

이렇게 만들어진 여러 개의 룸은 'Portal' 타일을 이용해 서로 연결할 수 있으며, 'Rooms' 패널에서 이름을 클릭하면 각 룸의 상황을 확인할 수 있습니다.

방 이름 앞에 집(🏠)아이콘이 표시된 룸은 현재 이 스페이스는 'Primary room'으로 스페이스에 입장했을 때 기본으로 입장 되는 룸이란 걸 나타냅니다. 'Primary room'을 변경하고 싶은 경우 'Primary'로 지정하려는 'Room' 이름 옆의 목록 단추에서 'Set as primary'로 설정하면 'Primary room'으로 설정할 수 있습니다.

# Extension 설정하기

게더타운은 Extension 'Settings'에서 비밀번호가 적용된 문이나 스스로 물을 주는 식물 등의 확장 기능을 제공하고 있습니다. 먼저 게더타운의 확장 기능에는 어떤 것이 있는지 자세히 알아보겠습니다. 먼저 맵 메이커에서 확장 기능을 사용하기 위해서는 'Extension Settings'을 선택합니다.

① 맵 메이커 화면의 상단 목록 단추를 클릭해 'Extension Settings'을 선택합니다.

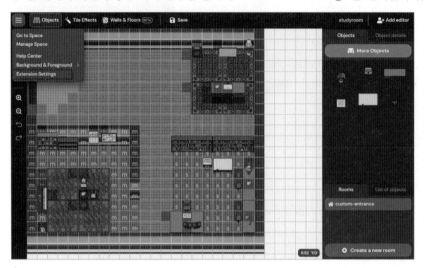

② 'Extention' 대화상자가 나타나면 확장 기능을 활성화하고 싶은 메뉴를 선택해 'Activate Extention'을 클릭합니다.

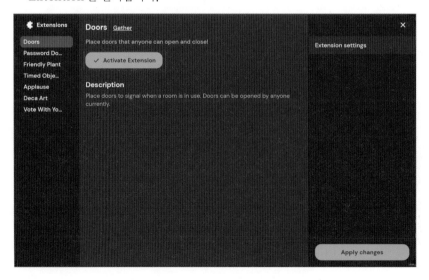

③ 'Activate Extention'을 활성화한 메뉴 옆에 ∨ 체크 표시가 바르게 되어 있는지 확인하고 맞
다면 'Apply Change'를 클릭합니다.

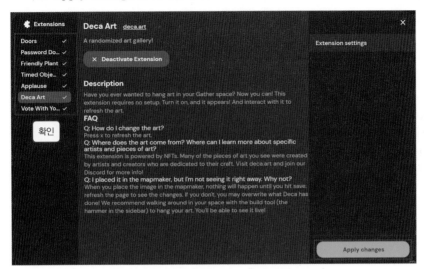

오브젝트 메뉴 하단에 'Extension' 메뉴가 추가되어 확장 기능을 가진 오브젝트를 사용할 수 있
게 됩니다.

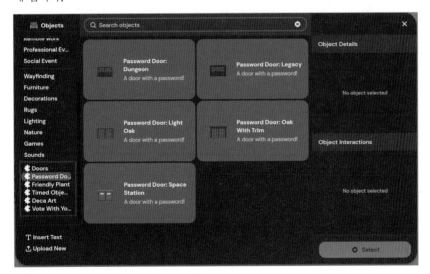

① Doors : 열고 닫는 상호작용이 가능한 문
② Password Doors(PW Doors) : 비밀번호를 입력해야 열 수 있는 문
③ Friendly Plant : 물을 줄 수 있는 식물

④ Timed Object : 시간이 지정된 오브젝트

⑤ Applause : 박수 소리가 나는 확장기능

⑥ Deca Art : [X]를 누를 때마다 이미지가 자동으로 변하는 바닥 타일 오브젝트

⑦ Vote With Your Feet : 투표 기능이 추가된 오브젝트

# 공간 관리

## 참여 방식

일반적으로 게더타운의 스페이스는 참가자의 참여 방식에 따라 다양하게 활용될 수 있습니다. 참여 방식은 수동적 참여와 능동적 참여 등 크게 두 가지로 나뉘며 제작자의 의도에 맞게 행사가 효율적으로 운영되려면 이 관리 설정이 매우 중요합니다.

| 수동적 참여 방식 | 갤러리 형태로 참가자의 동선을 유도하면서 상호작용(인터렉티브한 요소)이 가능한 정보들을 체험 및 감상하게 하는 공간 |
|---|---|
| 능동적 참여 방식 | 참가자들이 직접 오브젝트를 설치하고 공간 제작에 참여하면서 가상공간에서 주도적으로 창의적인 경험을 만들어 나가는 공간 |

예를 들어 협업을 주제로 다 함께 오브젝트를 만들어 스페이스를 꾸며야 하는 행사인데 참가자에게 빌드 권한이 없거나 반대로 참가자의 빌드 권한을 제한하지 않아 기획 주제와 상관없는 오브젝트가 무단으로 생성된다면 스페이스가 훼손되어 행사 진행에 큰 어려움을 겪게 됩니다. 제작자가 정성 들여 만든 공간에서 참여자들이 의도대로 잘 활동할 수 있도록 적절한 관리 설정을 하는 건 성공적인 게더타운 운영의 첫걸음이 될 것입니다. 참가자의 참여 방식은 공간 관리 메뉴에서 설정할 수 있습니다.

## 권한 설정

'Settings'은 스페이스를 관리하고 권한을 설정하는 메뉴입니다. 스페이스 메뉴 하단의 게더타운 아이콘을 클릭한 후 'Settings'을 선택합니다.

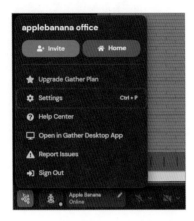

화면에 'Settings' 대화상자가 나타납니다. 'Settings'은 'User'와 'Space'의 두 가지로 나뉘며 'User'는 참가자에 대한 권한 설정, 'Space'는 공간에 대한 권한 설정으로 나뉩니다.

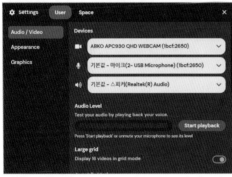

▲ 'User Settings' 화면

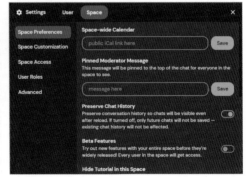

▲ 'Space Settings' 화면

스페이스를 만든 제작자라면 'User'와 'Space'의 두 가지 옵션을 다 사용할 수 있으며, 참가자라면 'User' 옵션만 사용 가능합니다.

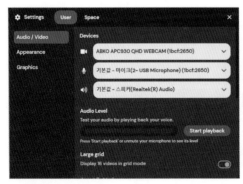

▲ 제작자의 'Settings' 화면

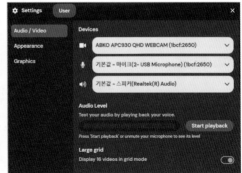

▲ 참여자의 'Settings' 화면

'User'에는 참가자 스스로 화면 배율이나 알림 설정 등 스페이스 환경을 원하는 대로 변경할 수 있는 참가자 편의 기능 설정 메뉴들이 있고 'Space'는 입장 비밀번호 설정 등 제작자가 스페이스에 대한 편집 및 참여 방식 등을 설정하는 제작자 편의 기능 설정 메뉴들이 있습니다.

## 공간을 설정하는 스페이스 메뉴

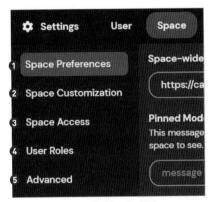

▲ Settings – Space의 주요 메뉴 특징

① Space Preferences(공간 기본 설정) : 스페이스의 기본적인 설정을 관리하는 메뉴로 전체 캘린더 추가, 채팅에 지속적인 메시지 추가, 채팅 기록 관리, 베타 기능 관리, 스페이스 튜토리얼 관리, 초대 버튼 관리, 채팅 및 화면 공유 관리(Premium Spaces)를 할 수 있습니다.

② Space Customization(공간 커스터마이징) : 전체 스페이스의 빌드 권한을 관리하고 맵 메이커에 접속할 수 있습니다.

③ Space Access(공간 접근) : 스페이스 암호 관리, 직원 접속 허용, 스페이스 일시 폐쇄, 스페이스 입장 시 게더타운 계정 접속 여부 설정 등을 관리합니다.

④ User Roles(사용자 역할) : 스페이스에서 사용자의 권한을 관리합니다.

⑤ Advanced(고급) : 관리자 및 소유자가 'Space Dashboard'에 접속할 수 있습니다.

## 글로벌 빌드

'Global Build' 메뉴는 게스트를 포함한 모든 참가자가 하나의 스페이스에 다같이 오브젝트를 설치할 수 있는 권한을 활성화한 메뉴입니다. 참가자들이 직접 오브젝트를 설치하고 스페이스 제작에 참여하는 능동적 참여 공간을 만들고 싶다면 이 권한을 잘 활용하면 됩니다.

글로벌 빌드는 기본적으로 비활성화 되어 있지만 기능을 활성화하는 즉시 참여자에게 제작자와 동일한 권한이 생겨 오브젝트를 설치하거나 삭제하는 등 스페이스 제작 활동에 참여할 수 있습니다. 그래서 행사를 시작하기 전까지는 비활성화 해두었다가 행사하는 동안에 잠깐 토글을 활성화하고 행사가 종료되면 다시 비활성화하는 방식으로 운영하기도 합니다.

– 글로벌 빌드 메뉴 진입 순서 : Settings 〉 Space 〉 Space Customization 〉 Global Build

– Settings에서 Space 〉 Space Customization을 선택하면 'Global Build'란 항목이 있습니다.

## • 글로벌 빌드 권한을 주지 않을 경우 비활성화 모드

– 스페이스를 처음 만들면 아래 그림과 같이 기본으로 비활성화 모드가 설정되어 있습니다.

– 내가 만든 스페이스를 그대로 유지하고 싶다면 비활성화 모드를 유지합니다.

## • 글로벌 빌드 권한을 줄 경우 활성화 모드

현재의 스페이스에 참여한 참가자 모두가 공간을 편집하고 저장 및 삭제할 수 있게 하고 싶다면 'Global Build' 토글 버튼을 활성화합니다.

게더타운 Gather Town_2부

## • 글로벌 빌드 활용 사례

'Global Build' 권한을 활성화하여 참가자와 함께 크리스마스 트리를 장식한 사례입니다.

▲ 꾸미기 전          ▲ 꾸미기 후

▲ 크리스마스 트리를 함께 꾸미는 모습

이 활동은 스페이스에 입장한 참가자들의 빌드 패널(스페이스 화면 하단 망치 아이콘)에서 진행됐습니다. 스페이스에 사용자 역할이 부여된 구성원들끼리 빠르게 오브젝트를 검색해 추가하였으며 실시간 저장 되어 바로 바로 확인할 수가 있습니다.

이 사례 외에도 스페이스 꾸미기 시합, 지도 위에 특산물 표시하기, 내가 다녀온 여행지 소개하기 등 여러분의 아이디어를 더해 다양한 활동을 기획함으로써 참가자들과 함께 색다른 메타버스 공간을 만들어 보며 창의적 경험을 구상할 수 있습니다.

# 스페이스 환경 설정

스페이스 관리는 관리자의 계정에서 스페이스 전체를 운영하는 방법입니다. 주로 'Space dashboard'에서 관리할 수 있으며, 'Settings' 메뉴에서도 설정할 수 있습니다.

매일 다양한 옵션들이 꾸준히 업데이트되고 있으며, 현재 개발된 매니지 스페이스의 'Space dashboard' 최신 기능에 대해 간략히 알아보고 행사 진행 시 알아두면 유용한 설정 메뉴 몇 가지를 소개해드리겠습니다.

## 스페이스 대시보드(Space dashboard)

관리자 계정을 기반으로 스페이스의 예약 관리 및 유료 서비스, 사용자 계정 금지, 스페이스 종료 및 폐쇄 등을 처리하는 메뉴입니다.

● 'Space dashboard' 메뉴 진입 순서

– 게더타운 홈 화면에서 접속

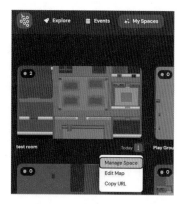

① 게더타운의 홈 화면 상단 메뉴에서 'My Spaces'를 클릭합니다.
② 관리가 필요한 스페이스 이름 옆의 더보기 버튼을 클릭한 뒤 'Manage Space'를 선택합니다.

– 스페이스에서 접속

① 스페이스 화면 하단의 게더타운 로고를 클릭해 'Settings'을 선택합니다.
② 'Settings' 대화상자가 나타나면 'Space'를 클릭한 다음 좌측 메뉴 하단의 'Advanced'를 선택해 'Space dashboard'에 접속합니다.

– 맵 메이커에서 접속

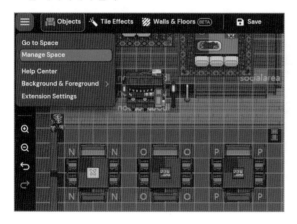

① 맵 메이커 좌측 상단 목록 버튼을 클릭합니다.
② 화면에 메뉴가 나타나면 'Manage Space'를 선택합니다.

• **주요 특징**

① **Reservations(예약)** : 행사를 예약하거나, 예약된 행사를 탐색하고 관리하는 메뉴입니다.
② **Space Preferences(공간 기본 설정)** : 공간의 기본적인 설정을 관리하는 메뉴로 전체 캘린더 추가, 채팅에 지속적인 메시지 추가, 채팅 기록 관리, 베타 기능 관리, 스페이스 튜토리얼 관리, 초대 버튼 관리, 채팅 및 화면 공유 관리(Premium Spaces)를 할 수 있습니다 (Settings 〉 Space에서도 설정 가능).

③ User Roles(사용자 역할) : 스페이스에서 사용자의 권한을 관리
합니다(Settings 〉 Space에서도 설정 가능).

④ Space Access(공간 접근) : 스페이스 암호 관리, 행사 관계
자 접속 허용, 스페이스 일시 폐쇄 등을 관리합니다(Settings 〉
Space에서도 설정 가능).

⑤ Banned Users(금지된 사용자) : 특정 사용자의 계정을 차단시
키거나 해제할 수 있습니다.

⑥ Shut Down or Delete(종료 또는 삭제) : 공간을 일시적으로 종
료하거나 영구적으로 삭제할 수 있습니다.

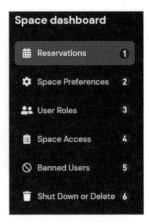

TIP  스페이스 업그레이드

① 게더타운 홈 화면 상단 메뉴에서 'My Spaces'를 클릭합니다. 업그레이드가 필요한 스페이스를 선택하고 목록 단
추를 클릭해 'Manage Space'를 선택합니다.

② 스페이스 화면에서 게더타운 로고를 클릭한 뒤 '★Upgrade Gather Plan'를 선택합니다.

③ 맵 메이커 화면의 오른쪽 상단 목록 버튼을 클릭하고 'Manage Space'를 선택합니다.

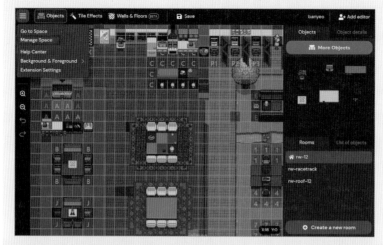

④ 스페이스 대시보드의 'Reservation'에서 공간을 프리미엄으로 업그레이드할 수 있습니다.

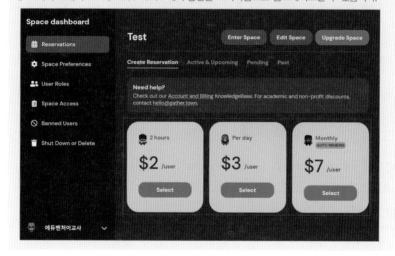

## 캘린더 사용하기(Space Preferences)

'Respwan' 타일 이펙트는 스페이스의 하나의 룸에만 적용되기 때문에 참가자들의 인원이 많거나 이동이 잦은 경우 다시 룸을 찾아가는데 번거로움이 있습니다. 이럴 때 각 룸마다 혹은 원하는 목적지에 Respwan 타일을 둔다면 참가자들을 효율적으로 리드할 수 있는데 대표적인 방법이 바로 구글 캘린더입니다. 구글 캘린더를 활용해 Respwan 타일과 동일한 기능(Locate, Teleport)을 구현해 보겠습니다.

- **순간 이동 가능한 공개 캘린더 설정하는 방법(구글 캘린더로 적용한 예시)**

작업자의 구글 캘린더에 일정을 설정해 놓고 Respwan 타일과 연결하는 방식입니다. 참가자는 언제든지 원하는 캘린더를 눌러 정해진 공간의 포털 지점으로 이동할 수 있게 됩니다.

– 메뉴 진입 순서 : Settings 〉 Space 〉 Space Preferences 〉 Space-wide Calendar

① 먼저, 개더타운 설정 전 구글의 캘린더부터 설정합니다. 구글 계정을 로그인하고 구글 캘린더 앱에 접속 한 다음, 캘린더 메뉴 중 '설정'을 선택하고 새 캘린더 만들기를 클릭합니다. 생성한 캘린더를 공용 캘린더로 만들기 위해 설정 옵션 중 '일정 엑세스 권한'을 공개 사용 설정으로 변경합니다.

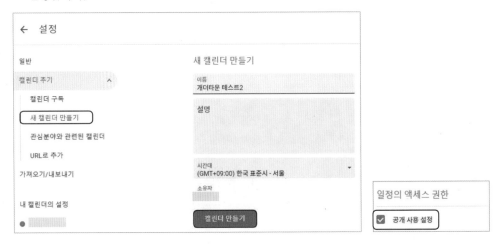

② 공용 캘린더의 캘린더 통합에 있는 'iCal 형식의 공개 주소'를 복사합니다.

③ 게더타운의 스페이스 화면으로 돌아와서 Settings 〉 Space Preferences 〉 Space-wide Calendar를 선택해 복사해온 'iCal 형식의 공개 주소'를 붙여넣기 한 후 'Save'를 클릭합니다.

④ 새로 만든 캘린더가 생성되었는지, 체크 부분을 확인합니다.

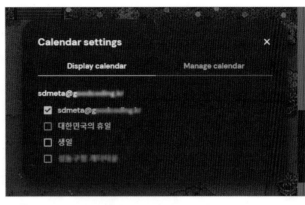

만약, 캘린더를 연동시키고 싶지 않을 경우 'Manage calender'에서 계정연결을 해제하면 됩니다.

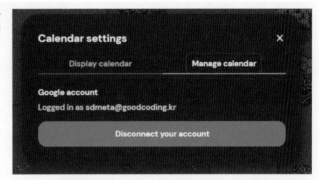

⑤ 순간 이동을 원하는 'Spwan' 지점을 정하기 위해 맵 메이커 화면으로 돌아갑니다. 캘린더 지정을 원하는 룸에서 'Tile Effects'를 선택하고 'Spwan'의 이름을 지정합니다. 원하는 위치에 클릭해 효과를 적용한 후 'Save'를 클릭합니다.

⑥ 다시 스페이스 화면으로 돌아와 좌측 하단의 캘린더 패널을 열어 'Create new event'를 클릭합니다. 맵 메이커의 룸에서 생성한 'Spwan'의 이름을 선택합니다.

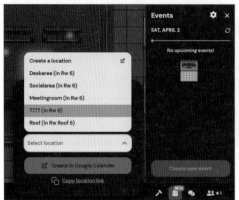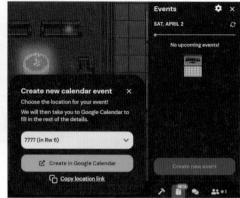

⑦ 'Create in Google Calendar'를 클릭합니다.

⑧ 구글 캘린더 대화상자가 나타나고 순간 이동 기능을 사용하고 싶은 기간을 설정합니다(과거 설정은 불가). 주의할 점은 반드시 캘린더 명을 게더타운 연동을 위해 새로 만든 캘린더로 설정해야 합니다.

⑨ 스페이스 화면으로 돌아와 좌측 하단의 캘린더 패널을 열어 새로고침을 누르면 새로 만든 일정이 추가되어 있는 것을 확인할 수 있습니다. 이 일정을 클릭하면 'Spwan' 효과를 적용한 타일로 가는 메뉴가 나옵니다. 'Locate'는 위치 안내, 'Teleport'는 해당 ID 타일의 위치로 순간 이동합니다.

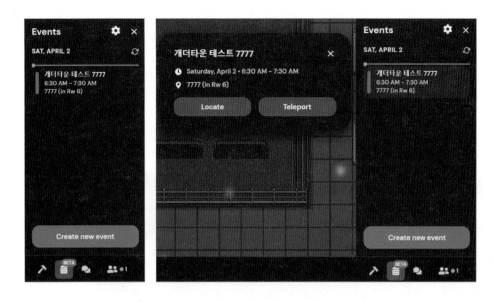

## 튜토리얼 숨기기(Hide Tutorial in this Space)

게더타운의 스페이스에 처음 입장하면 간단한 사용법을 익힐 수 있도록 튜토리얼이 자동 실행됩니다. 만약 참가자가 행사에 입장할 때마다 이 튜토리얼이 반복 재생된다면 자칫 방해 요소가 될 수 있기에 스페이스에 바로 입장하도록 튜토리얼을 숨길 수 있습니다.

– 메뉴 진입 순서 : Settings 〉 Space 〉 Space Preferences 〉 Hide Tutorial in this Space 비활성화

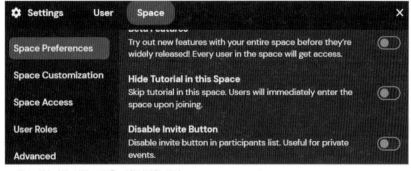

▲ 튜토리얼 자동 실행 토글을 비활성화한 화면

## 스페이스 비밀번호 설정하기(Space password)

비밀번호를 입력해야만 스페이스 입장이 가능하도록 참가자를 제한할 수 있습니다. 이 기능은 행사 종료 후 참가자들의 접근을 막고 싶을 때나 혹은 행사 진행 중에 일부 참가자들에게만 스페이스를 공유하고 싶을 때 사용됩니다.

- 메뉴 진입 순서 : Settings 〉 Space 〉 Space Access 〉 Space Password Save(생성) 혹은 Remove(삭제)

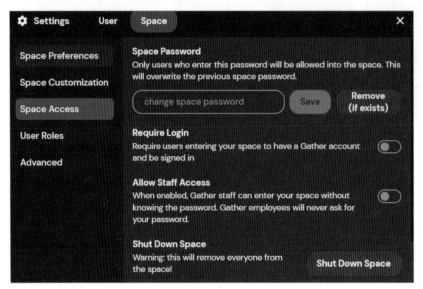

▲ 'Space Access'에서 스페이스 패스워드를 설정할 수 있습니다.

## 스페이스 일시 폐쇄(Shut Down Space)

스페이스의 모든 참여자를 밖으로 내보내고 공간을 일시적으로 폐쇄할 때 사용하는 메뉴입니다. 스페이스 삭제의 개념이 아니며 관리자가 다시 초대할 때까지 참여자들은 그 공간에 재입장 할 수 없습니다.

- 메뉴 진입 순서 : Settings 〉 Space 〉 Space Access 〉 Shut Down Space

## 사용자 역할(Add Members)

사용자의 역할에 따라 여러 역할을 할당할 수 있으며 사용자의 이메일 주소로 초대하거나, 링크를 복사해 보낼 수 있습니다. 사용자의 역할은 크게 네 가지로 아래의 표와 같습니다.

- 메뉴 진입 순서 : Settings 〉 Space 〉 User Roles 〉 Add Members 〉 Add people

| | 관리자(Admins) | 중재자(Moderators) | 빌더(Builders) | 구성원(Members) |
|---|---|---|---|---|
| 사용자 분류 | 공간 최초 생성자 | 관리자에게 스페이스 초대를 받고 중재자의 역할을 부여 받은 자 | 관리자에게 스페이스 초대를 받고 빌더의 역할을 부여 받은 자 | 관리자에게 스페이스 초대를 받고 수락하여 공간에 로그인한 자 |
| 권한 | • 맵 메이커의 모든 스페이스 및 권한 제어 가능<br>• Space Dashboard 접근 가능 | • 스페이스 메뉴(Space Preferences and Space Access)의 모든 제어 가능<br>• 맵 메이커 접근 불가 | 맵 메이커와 스페이스 안의 빌드 패널에서 공간 수정만 가능 | • 스페이스 내 빌드 패널에서 오브젝트 추가 가능<br>• 자신이 빌드한 객체만 삭제 가능<br>• 맵 메이커에 접근 불가<br>• 스페이스 권한 설정 불가<br>• 맵 메이커 접근 불가 |
| 역할 관리 | • 다른 관리자를 추가하거나 삭제 가능<br>• 다른 사용자 역할을 추가하거나 삭제 가능 | 다른 중재자, 빌더, 멤버를 추가하거나 삭제 가능 | 다수의 빌더가 동시 수정 시 한 사람이 저장하면 다른 사람의 내용은 손실됨 | 다른 사용자를 구성원으로 추가만 가능 제거거나 역할 할당은 불가 |
| 기타 | | 리모트 워크에서는 사용 불가 | | 리모트 워크에서만 역할 사용 가능 |

리모트 워크 스페이스에는 구성원 이외에도 게스트의 개념이 있습니다. 게스트는 스페이스에 입장한 모든 사람을 의미하며 게더타운 계정이 없어도 참여 가능한 사용자를 말합니다. 리모트 워크 스페이스에서 누군가를 스페이스에 초대할 때는 사용자 역할을 구성원인지 게스트인지 선택한 후 초대해야 하며 그 역할에 따라 권한도 달라집니다.

## 특정 사용자에게 'Admin(관리자)' 권한 주기

사용자 역할에서도 확인했듯이 게더타운의 스페이스 구축은 혼자 제작하기도 하지만 여러 사람들과 협업을 통해 함께 구축하기도 합니다. 내가 만든 스페이스에 다른 사용자를 제작자로 초대해야 할 경우 사용자의 이메일 주소만 알면 간단히 'Admin(관리자)'의 권한을 부여할 수 있습니다. 스페이스의 성격에 따라 권한 부여 방식이 조금 다르기에 현재 권한을 공유하고자 하는 스페이스를 먼저 파악한 다음에 'Admin' 권한을 부여합니다.

### • Remote Office로 만든 스페이스의 경우 특정 사용자에게 'Admin' 권한 주기

① 스페이스 웹 페이지의 좌측 하단에 있는 게더타운 아이콘 메뉴에서 'Settings' 버튼을 클릭합니다.

② 스페이스 메뉴의 'User Roles'를 선택합니다.

③ 'Add people' 버튼을 클릭합니다.

④ 공유할 이메일 계정을 입력하고 'Send invite'를 클릭합니다. 초대가 완료되면 창을 닫습니다.

권한 부여 확인 및 편집하는 방법

스페이스 웹 페이지의 좌측 하단에 있는 게더타운 아이콘을 클릭한 후 'Settings'을 선택합니다.

① Space 메뉴의 'User Roles'를 선택합니다.

② 초대한 계정에서 각 권한 메뉴(Admin, Builder)의 설정을 확인합니다. 만약, 권한 편집을 원하는 경우에는 우측 목록 단추를 클릭한 후 'Edit roles'를 선택합니다.

③ 원하는 권한 항목을 선택하고, 'Apply'를 클릭합니다.

④ 초대한 계정이 'Admin'으로 업데이트 되었는지 확인합니다.

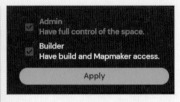

▲ 'User Roles'에서 권한 부여를 설정할 수 있습니다.

• **Remote Office 제외한 스페이스인 경우, 특정 사용자에게 'Admin' 권한 주기**

① 'Settings' 메뉴를 클릭 합니다.

② Space 메뉴의 'User Roles'를 선택합니다.

③ 공유할 특정인의 이메일 계정을 기재하고 'Admin' 권한을 선택한 다음 'Add people' 버튼을 클릭합니다.

④ 'Admin'으로 초대한 특정인 계정이 업데이트 되었는지 확인합니다.

## 유저 환경 설정

유저 메뉴에 대해 좀 더 자세히 살펴보겠습니다. 그림에서처럼 'User'의 주요 메뉴는 크게 다음과 같습니다. 첫 번째 'Audio & Video', 두 번째 'Appearance', 세 번째 'Graphics'입니다. 'Settings'에는 저장 버튼이 따로 없으며 자동으로 변경된 설정이 반영됩니다.

### Audio & Video

: 스페이스의 장치 및 A/V를 관리하는 곳으로 Device(장치), Audio Level(오디오 레벨) 등이 있습니다.

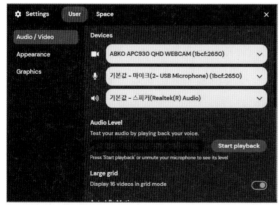

▲ User 설정의 주요 메뉴

– Device(장치) : 카메라, 마이크, 스피커의 선택이 가능

- Audio Level(오디오 레벨) : 오디오 테스트 하기

- Large grid(그리드 크기) : 기본적으로 학습자들의 비디오 그리드 화면이 최대 열 여섯 개를 표시하도록 설정(이 옵션을 종료하면 한번에 아홉 개 이하로 보임)

- Auto Idle Muting(자동유후 음소거) : 게더타운에 있다가 잠시 다른 웹 페이지로 이동했을 때 자동으로 오디오와 비디오의 작동을 on/off 해주는 기능 설정(게더타운으로 복귀 시 off 되었던 기능은 자동 해제)

**URL** https://support.gather.town/help/av-features#user-settings-overview

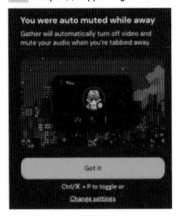

▲ 자동 유후 설정 안내 팝업

- Chat Sounds(채팅 알림음) : 기본적으로 활성화되어 있으며 채팅 알림음을 음소거 하려면 토글 비활성화

- Space Notifications(베타 기능 공간 알림) : 스페이스에 게스트 입장 시 알림음 받기(단, 베타 기능이므로 베타 기능 토글이 활성화 된 경우에만 알림/브라우저에 알림 허용 시 가능)

- SFX volume(SFX볼륨) : SFX 볼륨 슬라이더를 사용하여 스페이스내 사운드 볼륨 조절

- Use Original Audio(원본 오디오 사용) : 배경 소음을 억제하기 위해 원본 오디오는 비활성화 되어 있으나, 활성화 하면 오디어 제어 가능(활성화 시 성능 향상됨)

- Debug Mode(디버그 모드) : 기본적으로 비활성화, 수 · 발신 오디오 및 비디오에 대한 정보를 보고 싶을 때 토글 활성화

## Appearance

: 스페이스의 다양한 기능을 관리하는 곳으로 대표적으로 Use Smart Zoom(스마트 줌 사용)이
있습니다.

- Beta features(베타기능) : 개발 및 테스트 중인 기능을 출시 전 미리 만나볼 수 있습니다.
- Use Smart Zoom(스마트 줌 사용) : 맵과 캐릭터의 크기를 자동으로 보기 좋게 맞춰줍니다.
- Manual Map Zoom(수동 캔버스 줌 조절) : 맵의 보기 배율을 수동으로 조절할 수 있습니다.
  추천 배율은 150%이고, 최소 50%에서 최대 400% 크기까지 변경할 수 있습니다.
- Reduce motion(모션 감소) : 캐릭터가 움직이는 활동량을 감소 시킬 수 있습니다. 다만 애니
  메이션의 양을 제한하면 캐릭터 이동 시 움직임에 약간의 버퍼링이 발생할 수 있습니다.
- Name label size(아바타 이름 크기 조절) : 캐릭터 이름의 크기를 조정할 수 있습니다.

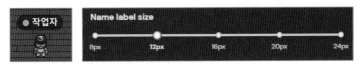

- Constant name size(일정한 캐릭터 이름 크기 조절) : 맵의 확대, 축소와 상관없이 이름의 크기
  를 동일하게 설정할 수 있습니다.

▲ 왼쪽 : 맵의 확대와 동시에 이름도 같이 커진다.　▲ 오른쪽 : 맵을 확대해도 이름의 크기에 변화가 없다.

– Tooltip label size(도구 이름 크기 조절) : 도구의 설명 및 글씨 크기 조절 가능

– Constant tooltip size(도구 팁 크기 조절) : 맵의 확대, 축소와 상관없이 도구 팁의 크기를 동일하게 설정할 수 있습니다.

▲ 왼쪽: 맵을 확대하면 도구 팁도 같이 커집니다.    ▲ 오른쪽 : 맵을 확대해도 도구 팁 크기에 변화가 없습니다.

## Graphics

그래픽의 성능 향상을 관리할 수 있습니다.

– Hardware Acceleration(하드웨어 가속) : 게더타운 화면을 렌더링할 때 그래픽 카드를 활성화합니다. 단, 화면에 그래픽 문제가 발생할 경우에는 반드시 비활성화 합니다.

– Limit Frame Rate(프레임 속도 제한) : 초당 프레임(fps)을 제한할 수 있습니다. 최고의 비디오 경험을 위해 FPS를 조절하여 최고 수준으로 표시하는 기능입니다.

## User 주요 메뉴와 하위 속성 메뉴 정리

|  | 옵션명 | 의미 | 역할 | 세부 옵션 |
|---|---|---|---|---|
| User | ① Audio & Video | 오디오 및 비디오 | 스페이스의 장치 및 A/V 관리 | • 장치<br>• 오디오 레벨<br>• 그리드 크기<br>• 자동유후 음소거<br>• HD 비디오 품질 사용<br>• 채팅 알림음<br>• 공간 알림음<br>• SFX 볼륨<br>• 원본 오디오 사용<br>• 디버그 모드 |
|  | ② Appearance | 모양 설정 | 스페이스의 모양 관리 | • 베타기능<br>• 스마트 줌 사용<br>• 수동 지도 줌<br>• 모션 감소<br>• 아바타 이름 크기 조절<br>• 일정한 아바타 이름 크기 조절<br>• 도구명 크기 조절<br>• 일정한 도구명 크기 조절 |
|  | ③ Graphics | 그래픽 설정 | 그래픽의 성능 향상 관리 | • 하드웨어 가속<br>• 프레임 속도 제한 |

# 모바일 접속

## 모바일

컴퓨터를 이용해 게더타운을 접속했던 것처럼 모바일에서도 게더타운을 쉽게 즐길 수 있습니다. 아래의 방법을 통해 스마트폰으로 게더타운을 이용해 봅시다.

### • 스페이스 접속

모바일 앱에서 스페이스를 방문하면 '제공되는 기능이 제한된다'는 경고 메시지가 나타납니다. '메시지를 이해했고 다음으로 진행하고 싶다는 의미의 'I understand and wish to proceed' 버튼을 터치해 공간에 입장합니다.

▲ 게더타운 모바일 접속 화면

- **'Check Your Hair' - Edit Character - Name your character**

게더타운 모바일 앱의 'Check Your Hair' 화면에서 비디오 화면에 비치는 나의 모습을 점검하고 마이크와 스피커를 확인한 뒤 아바타의 이름을 정하고 'Finish'를 눌러 스페이스에 입장합니다.

▲ 모바일에서도 컴퓨터와 동일하게 캐릭터를 변경하고 꾸밀 수 있습니다.

- **이동**

① Hold and drag to move : 화면을 길게 터치한 후 드래그합니다.

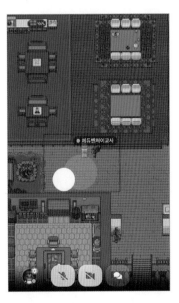

② Double tap to move : 화면을 짧게 두 번 터치합니다.

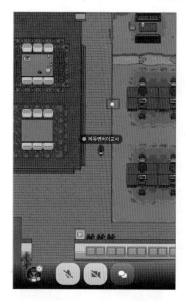

• **의사소통**

① 채팅 : 스페이스에 있는 참가자들과 채팅으로 소통할 수 있습니다.
② 참가자 : 스페이스에 있는 참가자 목록을 확인할 수 있습니다.

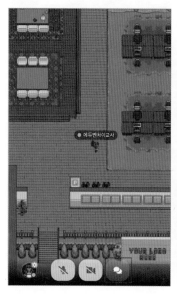

## ● 상호작용

상호작용이 설정된 오브젝트에 가까이 가면 화면의 우측 하단에 X 버튼이 생성됩니다. 이 버튼을 터치하면 오브젝트의 애플리케이션이 활성화됩니다.

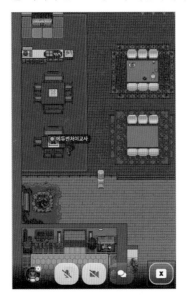

## ● 설정

좌측 하단의 캐릭터를 터치하면 머리 위로 설정 화면이 나타납니다. 모바일의 설정 화면에서는 채팅, 비디오, 오디오를 관리할 수 있습니다.

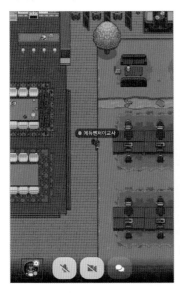 

스마트폰 또는 태블릿으로도 컴퓨터 환경처럼 게더타운에 접속할 수 있습니다. 스마트폰에서 구글 크롬 앱을 실행합니다. 오른쪽 상단의 목록 단추를 클릭한 후 데스크톱 사이트 모드를 체크합니다.
단. 이 기능을 사용하려면 블루투스 마우스와 키보드를 준비해야 합니다.

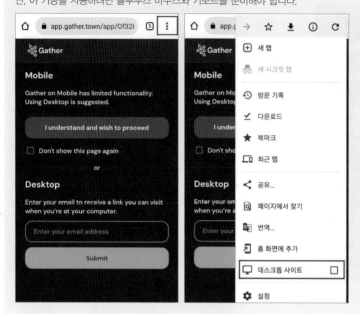

# 게더타운 활용 사례

URL bit.ly/geduven

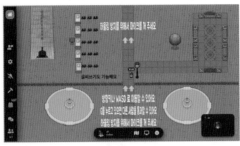

▲ 에듀벤처 주식회사의 게더타운 스페이스입니다.

URL bit.ly/goebt21

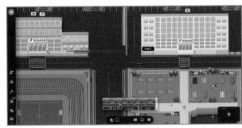

▲ 경기도 교육청의 게더타운 스페이스입니다.

URL bit.ly/goegm21

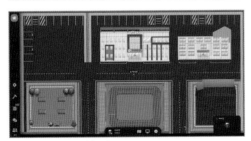

▲ 광명교육지원청의 게더타운 스페이스입니다.

젭
ZEP

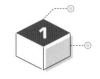

# 나에게 꼭 맞는 가상세계

## 모임을 재미있고 특별하게 젭

**NAVER Z Corp.**

네이버제트는 2018년 8월 제페토 서비스를 출시하여 한국뿐 아니라 중국과 일본, 미국 등 전세계 200여 국가에서 3억명 이상의 마음을 사로잡았습니다. 온라인 상에서 또다른 나의 아이덴티티를 창조함으로써 나이 · 성별 · 인종 · 지역을 넘어서는 친구도 사귈 수 있고, 시간과 공간을 초월하여 어디든 갈 수 있습니다. 상상 속에서만 꿈꿔왔던 무엇이든 만들어낼 수 있는 곳. 오늘도 네이버제트에서는 끝없는 꿈을 펼치고 있습니다.

▲ 네이버 Z과 슈퍼캣의 합작으로 세상에 나온 ZEP

네이버 Z와 슈퍼캣이 합작한 젭[1] 은 나에게 꼭 맞는 가상세계를 직접 설계할 수 있고 아바타로 다른 이들과 만날 수 있어 게더타운과 유사한 사용자 경험을 갖고 있습니다. 다만, 에셋 스토어에서 사용자가 만든 에셋을 구매하거나 판매할 수 있는 시장이 구현되어 있고 캐릭터의 행동에 게임적 요소(점프와 찌르기)가 많아 게더타운과 조금 차이를 보이기도 합니다. 맵 제작 측면에서도 게더타운은 사용자가 업로드한 배경 위에 새로운 벽을 그리는 것이 불가능한데, 젭은 배경 위에도 벽을 그릴 수 있습니다. 그리고 프로그래밍을 통한 특수한 기능들을 스페이스 안에 직접 구현할 수 있어 사물에 복잡한 상호작용도 쉽게 적용할 수 있습니다.

## 계정 만들기

젭은 웹 브라우저로 실행되기 때문에 따로 설치 프로그램을 다운받을 필요가 없습니다. 웹 사이트에 'ZEP'을 검색한 결과로 나오는 공식 사이트를 클릭합니다.

---

1 제페토를 서비스하고 있는 글로벌 메타버스 기업 네이버 Z와 RPG 개발력과 유니크한 도트 그래픽을 인정받은 슈퍼캣이 만든 메타버스 플랫폼입니다.

▲ 젭 공식 홈페이지 화면

젭의 권장 사양은 홈페이지에 자세히 기재되어 있지 않지만 2.4GHz 듀얼 코어 및 8GB RAM 이상의 컴퓨터라면 문제 없이 작동됩니다. 아마도 사양은 게더타운과 비슷한 수준이라고 생각하면 됩니다. 크롬에서 제일 잘 동작하며 3Mbps 정도의 속도가 지원되는 인터넷에서 모두 사용 가능합니다.

### • 회원가입

기본적으로 회원가입을 하지 않아도 게스트로 스페이스 참여가 가능하지만 아바타를 저장하거나 스페이스를 만들기 위해서는 계정이 필요합니다. 젭 계정을 만들려면 우선 홈페이지 우측 상단의 '스페이스 만들기' 또는 '나의 스페이스 목록'을 클릭합니다. 구글, 웨일스페이스 또는 이메일로 로그인을 안내하는 화면이 나타나면 편한 방법을 선택해 로그인해 주세요.

▲ 젭 로그인 대화상자 화면

구글 계정으로 로그인하는 경우 크롬에 로그인 기록이 남아있다면 계정 선택 대화상자에서 원하는 구글 계정을 선택해 로그인하면 됩니다. 이메일로 로그인을 시도한다면 공란에 이메일 주소를 입력하고 '이메일로 로그인'을 클릭합니다. 작성한 이메일 주소로 인증 코드 6자리가 발송되고 메일 메일의 인증 코드를 클릭하면 젭 로그인이 완료됩니다.

 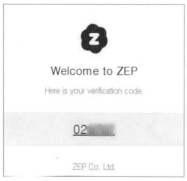

▲ 이메일로 받은 코드를 클릭하면 젭 로그인이 완료됩니다.

간혹 메일이 스팸으로 처리될 때도 있습니다. 몇 분이 지나도 인증 메일이 오지 않으면 스팸 편지함을 확인해 보시길 바랍니다.

# 시작화면과 캐릭터 설정

## 시작화면

로그인 후 나만의 스페이스를 만들고 싶다면 화면 상단 우측의 프로필을 클릭한 다음 '나의 스페이스 목록'을 클릭합니다. 한 번이라도 젭의 다른 스페이스를 방문했다면 마지막으로 방문한 스페이스가 나타납니다.

▲ 스페이스를 만들지 않은 상태로 '나의 스페이스 목록'을 클릭했을 때 나타나는 화면

▲ 내가 만든 스페이스 및 방문한 스페이스는 '나의 스페이스 목록'에서 모두 확인할 수 있습니다.

① **에셋 스토어** : 크리에이터가 직접 제작한 '맵'과 꾸밀 수 있는 '오브젝트'를 등록하고 판매할 수 있는 공간입니다. 젭 내 크리에이터 수익화의 첫 단추로 크리에이터는 나만의 창의적인 콘텐츠를 만들어 에셋 스토어에 등록할 수 있습니다.

② **체험하기** : ZEP을 활용한 다양한 사례를 경험해 볼 수 있는 공간입니다. 백화점, 교실, 전시회 등 다양한 테마로 꾸며졌으며 원하는 맵을 클릭하면 바로 입장할 수 있습니다.

③ **파트너스** : ZEP에서 원만한 행사 진행을 할 수 있도록 도와주는 맵 제작, 행사 운영, 스크립트 개발 전문가들을 만나는 공간입니다.

④ **가이드** : 젭을 처음 방문하는 사용자를 위한 공간이다. 초심자 및 호스트 가이드부터 맵 제작과 관련된 가이드까지 친절한 설명과 이미지로 젭을 상세히 소개합니다.

## 캐릭터 설정

젭의 스페이스에 접속한 후 화면 상단에 '내 프로필'을 클릭하면 아바타의 캐릭터를 수정할 수 있습니다. 헤어, 의류, 피부, 생김새 및 이름과 상태 메시지까지 변경할 수 있으며 설정이 완료된 후 저장 버튼을 누르면 됩니다. 한 번 설정한 캐릭터는 사용자가 변경하기 전까지 마지막 저장 상태로 유지됩니다.

▲ 프로필 설정에서 이름 및 아바타의 헤어, 의류, 피부 등 설정할 수 있습니다.

스페이스의 아바타를 클릭한 후 '내 프로필'의 아바타 꾸미기를 선택해도 아바타 변경이 가능합니다.

# 기본 조작

## 스페이스 탐색 및 이동

젭의 아바타 이동 방법은 키보드의 방향키(화살표)와 W, A, S, D 키를 이용해 스페이스 구석 구석을 이동할 수 있습니다. 키보드 사용이 불편하다면 마우스를 클릭하여 이동하는 것도 가능합니다. 이외에도 스페이스 바를 누르면 캐릭터가 점프하고 Z 키를 누르면 손가락 그림이 나타나며 '찌르기'가 실행됩니다. 젭의 초기에 Z 키는 '펀치' 기능이었지만 게임과 상관없는 단순한 회의 및 친목 목적인 스페이스에서 종종 곤란한 일을 야기해 변경되었습니다.

▲ 젭의 초기 Z 키를 눌러 다른 사용자에게 주먹을 날리는 화면

▲ 업데이트 후 주먹 펀치에서 찌르기로 변경된 화면

### 사라진 펀치 기능

젭의 베타 버전 시절. 게임적 요소로 존재했던 펀치 기능은 기업 행사 및 교육적인 목적의 모임에서 다른 사용자를 집요하게 괴롭히는 사례가 발생되어 이 기능을 없애 달라는 사용자 문의가 빗발쳤습니다. 젭의 정식 서비스가 시작되고 업데이트가 진행되며 Z를 누르면 실행되었던 펀치 기능은 찌르기 모양으로 변경되었습니다. 찌르기 기능을 비활성화하고 싶다면 호스트 메뉴에서 '찌르기 알림 기능 금지'를 선택하면 사용 불가합니다.

# 툴바

채팅창 하단의 툴바에서는 화면 공유 및 리액션 등 다른 참가자와 소통하기 위한 여러 기능이 집약되어 있습니다. 필요한 기능을 클릭해 사용해 보세요.

▲ ZEP 툴바

① **카메라 · 마이크** : '카메라 및 마이크'를 클릭하면 카메라와 마이크 기능을 사용할 수 있습니다. 카메라 및 마이크를 둘 다 종료하거나 하나만 사용할 거라면 툴바에서 카메라와 마이크 버튼을 클릭해 상태를 변경합니다.

② **화면 공유** : '화면 공유'를 클릭하면 '화면 공유하기'와 '화면/오디오 공유하기'의 총 두 가지 선택사항이 보이고 원하는 항목을 선택해 기능을 실행할 수 있습니다. 사운드 공유가 필요한 경우 '화면/오디오 공유하기'를 선택한 후 '시스템 오디오 공유'를 체크해야합니다. 윈도우에서는 전체화면 공유 시에도 시스템 사운드를 공유할 수 있지만 Mac과 크롬 OS에서는 지원되지 않습니다. 모니터가 두 대 이상이라면 모니터를 선택해 공유할 수 있습니다.

▲ 젭 화면 공유하기

▲ 젭 화면/오디오 공유하기

③ **채팅** : '채팅'을 클릭하면 채팅창이 활성화되어 다른 참가자에게 전달하고 싶은 메시지를 작성할 수 있습니다. 채팅창의 크기가 너무 작다면 채팅 화면 우측 상단의 크기 변경 버튼을 클릭해 조정할 수 있습니다.

▲ 젭 채팅 화면

④ **리액션** : '리액션'을 클릭하면 다른 참가자들에게 나의 감정을 표현할 수 있습니다. 리액션의 댄스 기능을 제외한 나머지 리액션은 모두 연속으로 클릭할 수 있습니다.

▲ 젭 리액션 화면

## 미디어 추가

툴바의 '미디어 추가'를 클릭하면 유튜브, 이미지, 파일, 화이트보드 등 다양한 미디어를 추가해 풍성한 스페이스를 제작할 수 있습니다. 그럼 먼저 유튜브를 추가하는 방법에 대해 알아보겠습니다.

### ● 유튜브

'미디어 추가' 대화상자에서 유튜브를 클릭한 후 스페이스에 추가하고 싶은 유튜브 링크를 복사해 붙여넣기 하면 손쉽게 유튜브 동영상을 스페이스에 연결할 수 있습니다. 영상이 삽입되면 아바타가 있는 위치에 유튜브 블록이 나타납니다. 재생되고 있는 영상을 제거하고 싶다면 영상의 ⌧ 키를 누르거나 블록 위로 점프하여 제거할 수 있습니다.

▲ 유튜브 임베드 화면. 재생되는 영상을 종료하고 싶다면 ⊠ 키를 누르거나 점프하세요. 연기처럼 사라집니다.

### • 이미지

스페이스에 이미지를 추가해 보겠습니다. 컨트롤 패널에서 '미디어 추가'를 클릭합니다. 컴퓨터 화면은 드라이브의 파일 열기 창이 나타나고 모바일 기기는 사진첩이 열립니다. 원하는 이미지를 선택하고 '확인'을 클릭합니다. 이미지가 바르게 삽입되면 아바타가 있는 위치에 이미지 블록이 나타납니다. 이미지의 크기가 너무 크면 로딩이 잘되지 않아 젭 화면에 오류가 발생할 수도 있습니다.

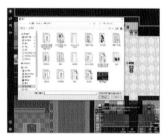
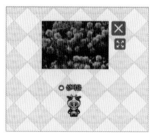

▲ 이미지 임베드 화면. 이미지를 삭제하고 싶다면 ⊠ 키를 누르거나 점프하세요. 연기처럼 사라집니다.

### • 파일

스페이스에 파일을 추가해 보겠습니다. '미디어 추가'를 클릭한 후 업로드를 원하는 파일을 선택해 등록할 수 있습니다. 등록된 파일을 스페이스에서 제거하고 싶다면 ⊠ 키를 누르거나 점프해서 제거할 수 있습니다.

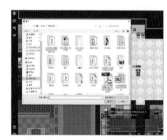

▲ 파일 업로드 화면. 파일을 제거하고 싶다면 ⊠ 키를 누르거나 점프하세요. 연기처럼 사라집니다.

### ● 화이트보드

젭의 화이트보드는 도형, 텍스트, 이미지를 삽입하고 그림을 그릴 수 있는 빈 메모장과 같습니다. 스페이스에 화이트보드를 추가하기 위해 '미디어 추가'를 클릭한 후 화이트보드를 선택합니다. 크기 조절 아이콘을 이용해 확대해 볼 수 있지만 새 창으로 따로 띄우는 것은 불가합니다.

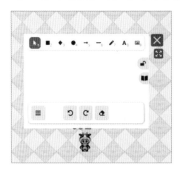

▲ 크기 조절 버튼을 이용해 전체화면으로 화이트보드를 즐길 수 있다.

### ● 포털

젭의 포털은 순간 이동과 같습니다. 맵에 포털을 배치하면 내가 만든 스페이스 및 다른 유저의 스페이스를 빠르게 오고 갈 수 있습니다. 포털이 배치되었으면 하는 곳으로 가 '미디어 추가'를 클릭합니다. '미디어 추가' 대화상자가 나타나면 포털을 선택합니다. 불꽃 소용돌이가 바닥에 생기고 포털과 연결한 스페이스 이름이 떠 있으면 성공적으로 배치가 완료된 겁니다.

▲ 포털 설정 화면. 포털을 없애고 싶다면 점프를 하거나 이동하면 됩니다.

## ● 스크린샷

현재 보고 있는 화면을 이미지로 다운받습니다. 인터페이스들이 보이지 않는 깔끔한 화면이 다운
로드 되기 때문에 키보드를 이용한 캡처보다 더 빠르고 간편하게 스크린샷을 남길 수 있습니다.
모임 기념 및 단체 사진 등을 찍을 때 좋습니다.

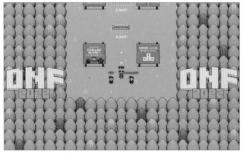

### 미니게임

메뉴 패널의 '미니게임'을 선택하면 참가자들과 다양한 게임을 즐기며 놀 수 있습니다. 똥 피하기, OX 퀴즈, 좀비 게임,
초성 퀴즈, 복싱 등의 게임을 제공하며 에셋 스토어에 있는 미니게임을 다운로드 하여 게임을 추가할 수도 있습니다.

▲ '미니게임'을 통해 참가자들과 게임을 즐기며 친목을 다지세요.

# 영상과 음악 설정하기

화면의 좌측 메뉴 'Settings'을 클릭해 영상 설정을 선택하면 오디오/비디오 대화상자가 나타납니다. 이곳에서 영상 및 음성에 대한 세부적인 설정이 가능하며 스페이스에 입장하기 전 화면에 비친 나의 모습 등을 확인해 볼 수 있습니다.

기타 설정에서는 스페이스 배경음악의 볼륨을 조절할 수 있습니다. 스페이스에 입장한 모두에게 적용되는 것은 아니며 나에게 들리는 배경음악의 볼륨만 조절됩니다.

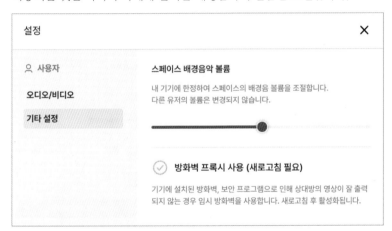

# 참가자와 소통하기

- **참가자 목록**

스페이스 화면 우측 상단의 참가자 버튼을 클릭하면 현재 스페이스에 모인 참가자들의 목록이 나옵니다. 이름을 클릭하면 추가 메뉴를 불러올 수 있고 참가자 메뉴를 이용해 알림을 보내거나 스페이스에서 쫓아낼수도 있습니다.

- **다른 참가자의 비디오 크기 및 오디오 음량 조절하기**

다른 참가자의 영상을 좀 더 자세히 보고싶다면 참가자의 화면을 클릭해 확대할 수 있습니다. 그리고 이곳에서 각

참가자의 비디오 및 오디오 설정도 변경할 수 있습니다. 또 오른쪽 상단의 레이아웃 메뉴를 클릭해 참가자 영상의 위치 및 정렬을 조정할 수도 있습니다.

### • 따라가기

▲ '따라가기' 기능을 통해 캐릭터를 움직일 필요없이 다른 사람에게 쉽게 갈 수 있습니다.

참가자 목록에서 '따라가기' 하고 싶은 참가자의 이름을 클릭합니다. 잠시 후 화면 중앙에 참가자의 프로필이 나타나면 따라가기를 클릭합니다. 이 기능을 사용하면 다른 참가자가 이동하는 곳으로 자동으로 따라갑니다. 방향키를 눌러 캐릭터를 움직일 필요없이 다른 참가자에게 쉽게 갈 수 있습니다. 참가자 목록에서 설정하는 것이 번거롭다면 아바타를 클릭해 바로 따라가기를 설정하는 방법도 있습니다.

### • 옷 따라입기

스페이스에 모인 참가자들 중 똑같이 따라입고 싶은 옷이 있다면 '옷 따라입기' 기능을 설정하면 됩니다. 위의 따라가기 설정 방법과 동일하게 참가자 목록에서 '옷 따라입기'를 원하는 참가자의 이름을 클릭합니다. 잠시후 화면 중앙에 참가자의 프로필이 나타나면 '옷 따라입기'를 클릭합니다. 아바타의 캐릭터가 입고 있던 옷이 변경된 것을 확인할 수 있습니다.

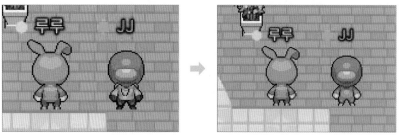

▲ '옷 따라입기' 기능을 통해 다른 참가자가 입고 있는 옷과 동일한 옷으로 내 캐릭터를 꾸밀 수 있다.

## • 초대하기

'초대하기' 기능을 사용하면 다른 사용자를 스페이스에 쉽게 초대할 수 있습니다. 스페이스 우측 하단의 초대하기 버튼을 클릭한 후 '초대 링크 복사하기'를 클릭해 주소를 공유합니다. 스페이스 가 비밀번호로 보호되어 있다면 호스트의 초대 링크 화면에는 비밀번호가 같이 나타나지만, 링크 로 비밀번호가 함께 선달되지는 않기 때문에 초대 시 비밀번호를 같이 전달해주어야 합니다. 또 참가자의 초대 링크 화면에는 비밀번호가 나타나지 않으므로 호스트가 비밀번호를 공유하지 않 으면 참가자의 초대 링크만으로는 스페이스에 입장할 수 없습니다.

▲ 초대 링크를 복사해 주소를 공유하면 다른 사용자를 스페이스에 초대할 수 있습니다

# 공간 제작 및 관리

## 스페이스 만들기

ZEP에 로그인 후 화면 우측 상단의 프로필을 클릭하면 메뉴가 나타납니다. '나의 스페이스 목록'을 선택하면 제작하거나 방문한 스페이스의 기록들이 나옵니다. 스페이스를 만들어 본 경험이 없다면 화면 중앙 '스페이스 만들기' 버튼을 클릭합니다.

▲ 템플릿 고르기

## 템플릿을 선택하거나 혹은 직접 설계가능

### ● 템플릿 고르기

ZEP에서는 회의실, 콘서트, 사무실 등 다양한 용도의 기본 템플릿을 제공하고 있습니다. 스페이스를 빠르게 제작하고 싶다면 이 기본 템플릿을 사용하면 됩니다. 기본 템플릿은 용도별로 지속적인 업데이트가 이루어지고 있어 새로운 템플릿을 구경하는 재미도 있습니다.

## ● 직접 설계하기

기본 템플릿의 '빈 공간'을 클릭하면 나만의 스페이스를 만들어 볼 수 있습니다.

① '템플릿 고르기' 대화상자의 맨 아래에 있는 '빈 공간' 템플릿을 선택합니다.

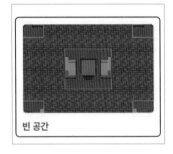

② '스페이스 설정' 대화상자가 나타나면 생각해 놓은 스페이스의 이름을 입력하고 비밀번호 설정 여부를 체크한 뒤 '만들기'를 클릭합니다.

③ 오브젝트 없이 오직 배경만 있는 빈 화면이 나타납니다. 패널 도구에서 맵 에디터 버튼을 클릭합니다.

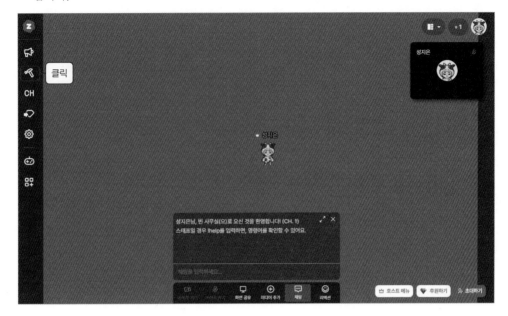

④ 바닥, 벽, 오브젝트를 자유롭게 설정하고 변경할 수 있는 맵 에디터입니다. 이곳에서 나만의 스페이스를 꾸며보세요(맵 에디터에 대한 설명은 다음 장에서 더 자세히 다루고 있습니다)

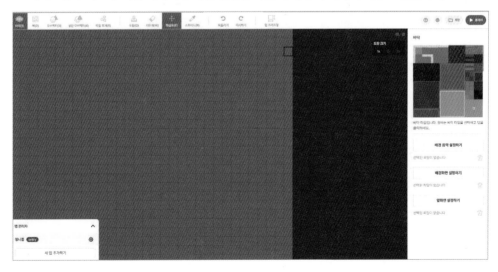

패널 도구의 설정 버튼을 클릭해 '스페이스 세부 설정'을 선택합니다. '스페이스 세부 설정' 화면에서는 스페이스의 이름, 소개, 썸네일, 공개 여부 등과 같은 기본적인 정보를 설정하거나 변경할 수 있습니다. 썸네일 이미지는 PC에 저장된 jpg, png 파일을 선택해 업로드하고 스페이스에 비밀번호를 설정해 타인의 무분별한 출입을 막을 수도 있습니다. 또 도메인을 제한하여 특정 이메일 주소를 가진 사람만 접속하도록 할 수 있습니다. 설정 방법은 간단합니다. '참가자 리스트 내려받기'를 눌러 CSV[2] 방식으로 '참가자 리스트'를 작성해 업로드하면 됩니다. 참가자 리스트로 로그인하는 사람을 제한하려면 '비로그인 플레이어 접속 제한'에도 체크해야 합니다. 최근에는 '스페이스 설정'에서도 스페이스 보안과 관련된 사항을 설정할 수 있으며 이는 모든 맵에 반영됩니다. 스페이스를 삭제하고 싶다면 '스페이스 세부 설정' 페이지의 맨 아래 '스페이스 삭제하기'를 클릭합니다. 삭제 여부를 묻는 팝업창이 화면에 나타나고 지시사항에 따라 공란에 'DELETE' 문구를 입력하면 스페이스가 완전히 삭제됩니다.

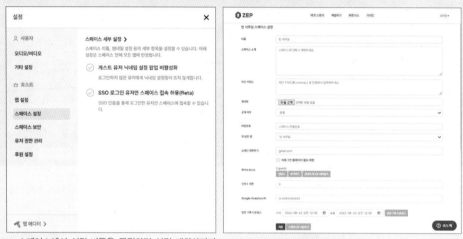

▲ 스페이스에서 설정 버튼을 클릭하면 설정 대화상자가 나타납니다.　▲ 스페이스 세부 설정을 선택합니다.

---

2　CSV 파일은 쉼표를 기준으로 항목을 구분하여 저장한 데이터를 말합니다. 데이터베이스나 표, 계산 소프트웨어 데이터를 보존하기 위해 사용되며 보통 엑셀에서 편집해 구글 스프레드시트에서 작성하는 것을 권장합니다.

# 맵 에디터

맵 에디터를 통해 스페이스를 취향 대로 꾸밀 수 있습니다. 스페이스 좌측 상단의 '맵 에디터' 버튼을 클릭하거나 화면 하단 '호스트 메뉴'를 클릭해 설정 대화상자의 '맵 에디터'를 클릭합니다.

① **바닥(▦)** : 바닥에 배치할 타일의 종류를 선택할 수 있습니다.

② **벽(▦)** : 벽 타일을 맵에 설치합니다.

③ **오브젝트 · 상단 오브젝트(▦) (▦)** : 화면 우측에서 다양한 오브젝트를 선택해 배치할 수 있습니다. 젭은 게더타운과 다르게 에셋 스토어에서 구매한 오브젝트도 추가할 수 있습니다.

④ **타일 효과(▦)** : 타일에 여러 효과를 설정하는 것입니다.

⑤ **도장(▦)** : 바닥, 벽, 오브젝트, 타일 효과를 삽입합니다. 우측 상단 '도장'을 선택해 한 번에 여러 개의 타일 또는 오브젝트를 배치할 수 있습니다.

⑥ **지우개(▦)** : 바닥, 벽, 오브젝트, 타일 효과를 제거합니다. '지우개'를 선택한 뒤 맵에서 지우고 싶은 곳을 클릭하면 없어집니다.

⑦ **화살표(▦)** : 마우스 왼쪽 버튼을 누른 채 드래그하면 움직일 수 있습니다.

⑧ **스포이드(▦)** : 선택된 타일에 따라 바닥, 벽, 오브젝트를 복사합니다.

⑨ **되돌리기(▦)** : 직전에 행했던 작업을 취소합니다.

⑩ **다시하기(▦)** : 맵의 너비와 높이 값을 입력할 수 있는 대화상자가 나타납니다. 젭에서 타일 개수는 가로×세로로 각 512개가 넘지 않는 것을 권장하고 있습니다.

⑪ **맵 크기 조정(▦)** : 맵의 너비와 높이 값을 입력할 수 있는 대화상자가 나타납니다. 젭에서 타일 개수는 가로×세로로 각 512개가 넘지 않는 것을 권장하고 있습니다.

## 바닥과 벽 만들기

### • 바닥

젭에서 바닥 타일 1개의 사이즈는 가로×세로 32px입니다. 바닥을 클릭하고 화면 우측의 바닥 타일에서 원하는 타일을 골라 맵을 클릭하면 타일이 추가됩니다.

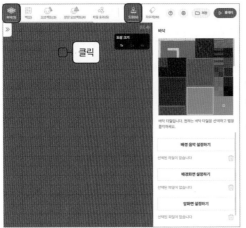
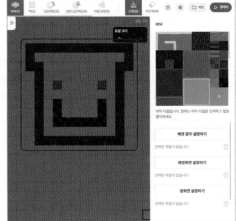

## • 벽

젭의 벽 타일은 아바타가 통과할 수 없는 영역을 지정하는 것으로 젭은 배경 이미지 위에도 벽 타일을 그릴 수 있습니다. 바닥과 마찬가지로 화면의 우측에서 마음에 드는 벽 타일의 종류를 선택해 추가합니다.

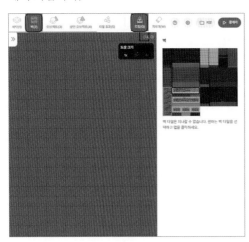
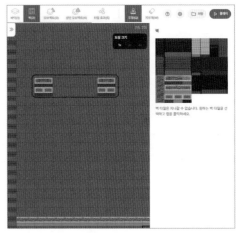

## 오브젝트 설치하기

### • 오브젝트

오브젝트를 설치하기 전 먼저 캐릭터의 배경에 놓을 것인지 전경에 놓을 것인지 위치를 생각하고 배경이면 '오브젝트' 전경이면 '상단 오브젝트'를 클릭합니다. 오피스, 교실 등등 스페이스의 테마에 알맞은 오브젝트를 선택한 뒤 스페이스에 클릭하면 설치가 완료됩니다.

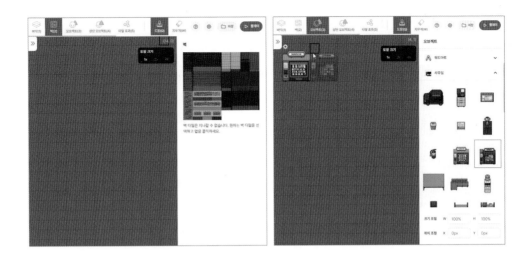

## • 오브젝트 설정

오브젝트 설치 완료 후 추가된 오브젝트 가까이 마우스 포인터를 가져가면 톱니바퀴 모양의 오브젝트 설정 버튼이 나타나고 클릭하면 '오브젝트 설정' 메뉴가 나옵니다.

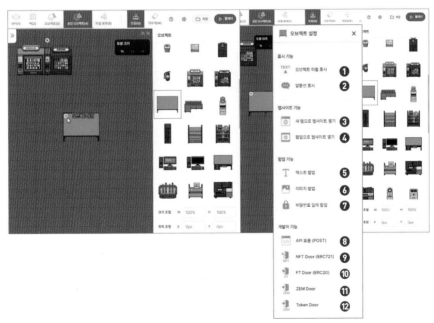

① **오브젝트 이름 표시** : 오브젝트의 이름만 표시됩니다.

② **말풍선 표시** : 입력한 텍스트가 오브젝트 위에 말풍선으로 표시됩니다.

③ **새 탭으로 웹 사이트 열기** : 새 탭에서 열리는 웹 사이트의 링크를 넣을 수 있습니다.

④ **팝업으로 웹 사이트 열기** : 오브젝트와 상호작용 시 웹 사이트를 맵에서 보여줄 수 있습니다. 유튜브 영상의 경우 반드시 퍼가기 형태의 링크를 삽입해야 합니다.

⑤ **텍스트 팝업** : 입력된 텍스트가 팝업으로 띄워집니다.

⑥ **이미지 팝업** : 오브젝트와 상호작용 시 이미지를 보여줍니다.

⑦ **비밀번호 입력 팝업** : 오브젝트를 통과하기 위해 비밀번호를 입력하는 팝업을 띄웁니다.

---

**TIP  추가**

실행할 동작에서 '개인에게만 사라지기'를 선택한 후, 타일 효과의 '포털'을 동시에 활용하면 비밀번호를 가진 문을 맵에 설치할 수 있습니다.

---

⑧ **API 호출(POST)** : 'API CALL' 시에 해당 URL로 아래와 같이 POST 요청을 보냅니다.

⑨ **NFT door** : 아직 개발 중인 내용으로 보이며, 특정 NFT를 연결해서 보여줄 수 있는 기능으로 보입니다.

⑩ **FT door** : 아직 개발 중인 영역으로 FT를 연결해서 보여줄 수 있는 기능으로 짐작됩니다.

⑪ **ZEM door** : 아직 개발 중인 영역으로 ZEM을 사용해 통과하는 기능으로 짐작됩니다.

⑫ **Token door** : 아직 개발 중인 영역으로 Token을 사용해 통과하는 기능으로 짐작됩니다.

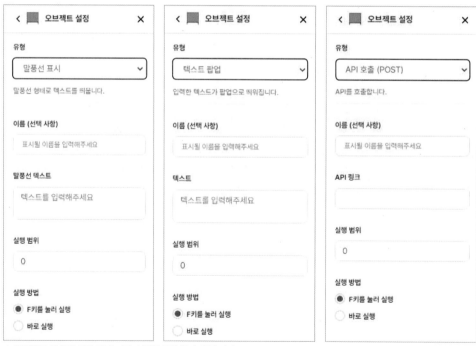

▲ 오브젝트 유형에 따라 각각 다른 설정을 적용할 수 있습니다.

설정하고자 하는 오브젝트의 유형 버튼을 클릭하면 정보를 입력하는 창이 나타납니다. 이때 공통적으로 실행범위와 실행 방법을 묻습니다. 실행범위는 몇 칸정도에서 이 오브젝트의 상호작용을 실행할 것인지 묻는 것이고, 실행 방법은 F 키를 눌러 상호작용을 할지 정해놓은 실행범위 안에 캐릭터가 왔을 때 자동으로 실행할 것인지 설정할 수 있습니다.

### ● 타일 효과

젭의 타일 효과는 게더타운의 타일 이펙트와 매우 유사합니다.

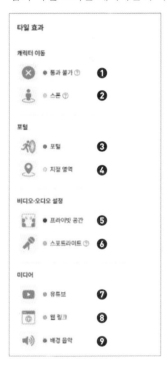

① **통과 불가** : 아바타가 지나갈 수 없는 타일을 설정합니다. 배경에 벽이나 통과하지 못할 곳을 설정하고 싶으면 이 타일을 선택하고 도장으로 효과를 줍니다. 그림처럼 배치한 오브젝트 위로 아바타가 지나가지 못하게 하고 싶을 때에도 이 타일을 사용합니다.

② **스폰** : 아바타가 생성되는 포인트를 지정합니다. 스폰 타일을 여러 곳으로 나누어 아바타가 스페이스에 처음 입장할 때 랜덤으로 나타날 수 있게 스폰 지점을 만들 수 있습니다.

③ **포털** : 다른 곳으로 이동하는 텔레포트를 만듭니다.

④ **지정 영역** : 타일에 이름을 지정할 수 있습니다. 포털 타일과 함께 사용하여 지정된 위치로 아바타를 이동시키거나, 젭 스크립트로 동작하는 특수한 영역을 지정할 수 있습니다.

▲ 같은 스페이스 안에서 연결할 다른 맵을 선택합니다.

⑤ **프라이빗 공간** : 비공개로 소통하는 영역을 지정합니다. 해당 효과를 통해서 회의실 또는 카페 같은 느낌을 구현할 수 있습니다. ID로 서로 호환되는 공간을 지정할 수 있습니다.

⑥ **스포트라이트** : 스포트라이트 지역을 지정할 수 있습니다. 스포트라이트 지정 구역에 캐릭터가 갔을 경우, 맵 전체에 자신의 영상, 화상, 채팅이 공개됩니다.

⑦ **유튜브** : 타일에 유튜브 영상을 임베드 할 수 있습니다.

스포트라이트 지정 시 주의사항
스포트라이트 지역을 지나치게 많이 설치할 경우 스페이스 작동에 오류가 걸릴 수 있습니다.

⑧ **웹 링크** : 타일에 웹 사이트가 열리는 포털을 설치할 수 있습니다.

▲ 연결할 웹 URL을 공란에 입력한 뒤 팝업 스타일을 선택하고 이동 방법을 선택합니다.

⑨ **배경 음악** : 타일에 배경 음악을 삽입합니다.

▲ 타일 효과에 배경 음악 삽입은 음향 파일을 클릭해 .mp3 파일을 등록하면 됩니다.

## 맵 관리자

스페이스 화면 좌측의 메뉴 패널에서 '맵 에디터' 버튼을 클릭합니다. 화면에 '맵 관리자' 패널이 나타나고 이곳에서 '새 맵 추가하기' 버튼을 클릭해 새로운 맵을 추가할 수 있습니다

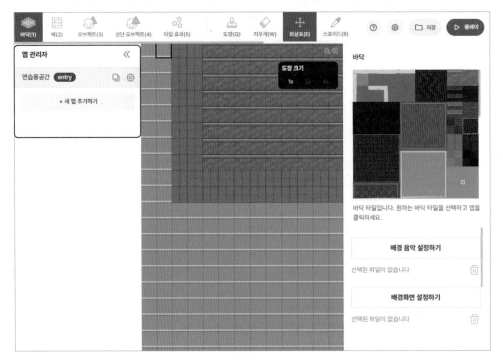

맵 관리자에 'entry'라고 표시된 맵이 이 스페이스의 시작 맵입니다. 각 맵의 설정 버튼을 클릭해 맵의 정보를 변경할 수 있습니다.

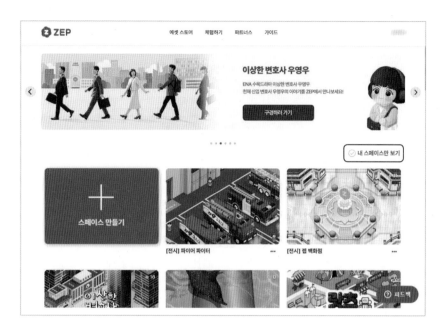

'내 스페이스만 보기' 버튼을 누르면 직접 만들었거나 관리자 권한이 있는 맵들이 화면에 나타납니다. 이곳에서 각 맵의 설정을 바꾸거나 스페이스를 복사할 수 있습니다.

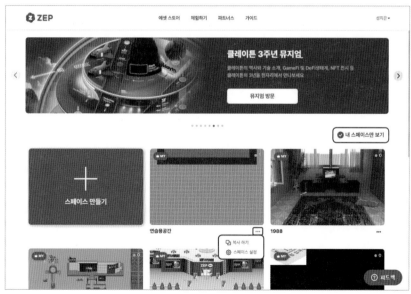

▲ '내 스페이스만 보기'에서 맵의 설정을 바꾸거나 스페이스를 복사하는 것이 가능합니다.

zep.us 홈페이지에서 로그인하여 방문했거나 만든 공간들을 한눈에 볼 수 있습니다.

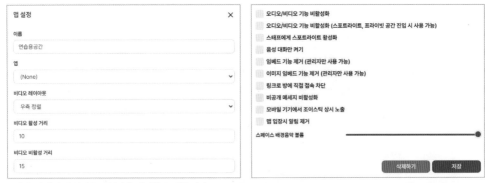

▲ '맵 설정'에서 설정을 다양하게 변경할 수 있습니다.

스페이스 맵 관리자 패널의 '맵 설정'에서 스페이스를 다양하게 변경할 수도 있습니다. 예를 들어 청소년을 위한 체험 전용 공간을 만들기 위해 주소를 공개한다면 영상/음성 대화 기능을 해제하는 것도 좋습니다.

# 젭 활용 사례

**URL** zep.us/play/D6PM5E

▲ ZEP으로 구현한 환기 미술관

**URL** zep.us/play/25rLEo

▲ 굿네이버스의 ZEP 활용 사례

**URL** zep.us/play/DEvo48

▲ 경북문화재단의 ZEP 활용 사례

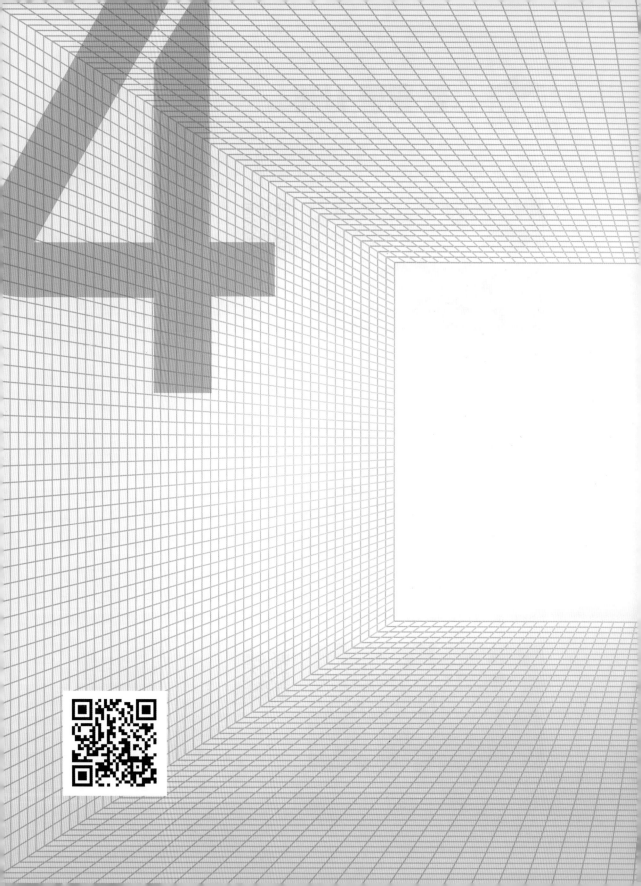

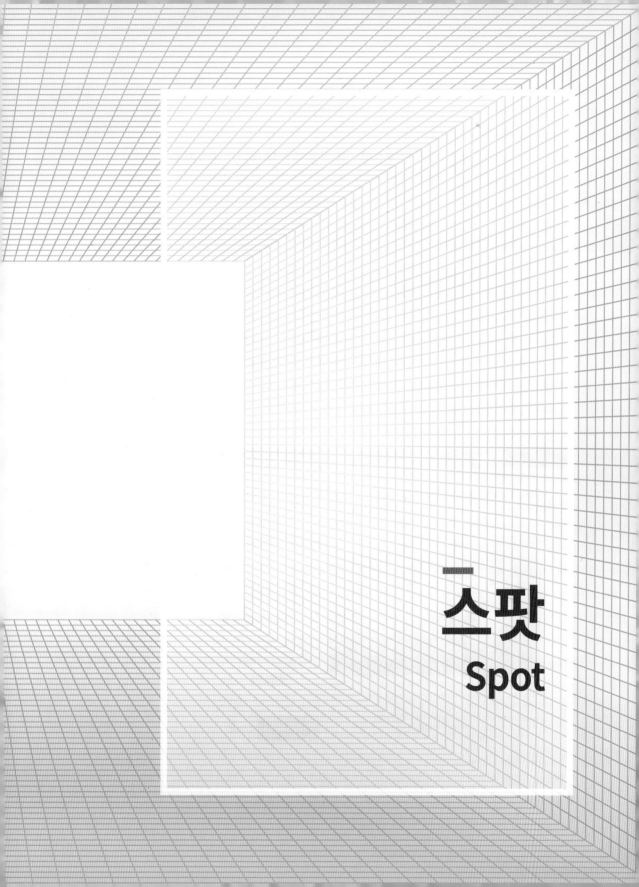

스팟
Spot

# 3D 메타버스 플랫폼 스팟

## 기업을 위한 심즈(Sims)

스팟(Spot)은 게더타운이 출시되고 두 달 뒤에 발표된 3차원 기반의 메타버스 플랫폼입니다. 인터넷 뉴스 매거진 긱 와이어(GeekWire)에서는 스팟을 두고 '기업을 위한 심즈(Sims)'라는 제목으로 소개하기도 했습니다. 심즈(Sims)는 3차원의 가상공간에서 아바타끼리 상호작용하는 게임인데 스팟의 아바타를 보고 있으면 오밀조밀한 캐릭터들이 움직이는 게 게임과 많이 닮아 붙여진 이름 같습니다.

출처 GeekWire

▲ 미국의 기술 뉴스 웹 사이트 'GeekWire'에 소개된 스팟

서비스를 시작한 지 얼마 안 된 메타버스 플랫폼이라 아직 정식 매뉴얼은 없지만 프로그램의 편의성이나 개발 방향이 메타버스 제작은 물론 기업과 학교 수업에서 활용하기 좋아 소개하게 되었습니다. 수많은 장점이 있지만 그중에서도 제일 큰 장점은 모니터와 같은 오브젝트 요소에 사용자의 화면 혹은 웹캠 영상을 배치해 동시에 여러 명이 볼 수 있다는 데 있습니다.

▲ 여러 개의 모니터를 설치한 뒤 각기 다른 요소들을 화면에 띄울 수 있습니다.

스팟은 최근 V2 버전으로 대대적인 업데이트를 진행했습니다. 복잡했던 회원가입 과정을 단순화했고 이전에 스페이스 화면을 가득 채웠던 메뉴와 도구는 하단으로 깔끔하게 정리되었습니다. 사용자를 위한 세심한 배려가 돋보이는 부분입니다. 2D의 메타버스 플랫폼에 아쉬움을 느꼈다면, 이제 풍성한 기능과 다채로운 볼거리가 있는 3D 플랫폼 스팟을 사용해 볼 차례입니다.

## 계정 만들기

스팟은 별도의 로그인 없이도 초대 링크를 통해 게스트 계정으로 접속할 수 있어 회원가입을 하지 않아도 됩니다. 다만, 다른 사람의 공간을 방문하거나 가상 오피스 및 이벤트 장소를 생성할 목적이라면 회원가입은 필수입니다.

## • 회원가입

① 스팟 홈페이지에 접속한 후 화면 중앙이나 우측 상단의 'Try for free'를 클릭합니다.

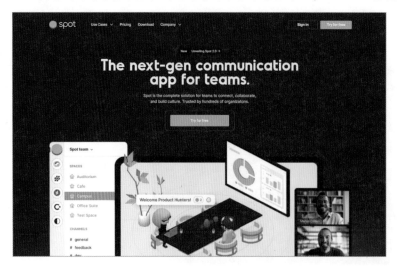

② 'Google, Microsoft, Linkdin'의 계정이 있는 경우 가입할 계정을 선택합니다. 위의 사이트에 계정이 없는 경우 스팟 로그인에 사용할 이메일 주소와 비밀번호를 입력하고 'I agree Terms of Service' 동의란에 체크한 후 'Sign up'을 클릭합니다.

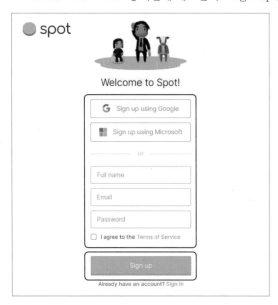

③ 'Space' 생성 화면이 이어지고 'TEAM NAME'에 팀 이름을 입력합니다. 작성이 완료되면 'Choose a space'에서 생성하려는 테마와 어울리는 기본 스페이스를 선택한 뒤 'Let's go!'를 클릭합니다.

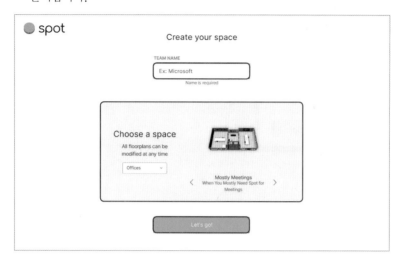

'TEAM NAME'의 경우 스페이스 생성을 완료한 뒤 'Team Setting'에서 언제든지 변경할 수 있습니다.

④ 선택한 스페이스와 아바타가 화면에 나타나면 스팟의 회원가입이 완료됩니다.

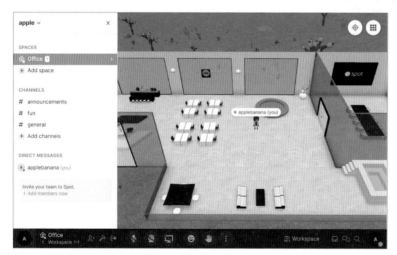

화면 배율이 +, −로 조정되어 있는 경우 스팟의 스페이스에 입장하면 아래 이미지와 같은 메시지 창이 나타납니다. 스팟을 이용하기 위해서는 화면의 크기를 100%에 맞춰 진행할 것을 추천하는 안내 메시지로 'Okay'를 클릭한 뒤 Ctrl+O 키를 눌러 화면 배율을 조정합니다.

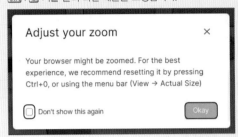

## 게스트 계정

스팟은 초대받은 링크를 통해 게스트 계정으로 접속할 수 있습니다. 먼저 초대 링크를 복사해 주소창에 붙여넣기 한 후 Enter 를 누릅니다. 프로필 작성 페이지가 화면에 나타나고 아바타 이름을 기입한 후 'Join' 버튼을 클릭합니다.

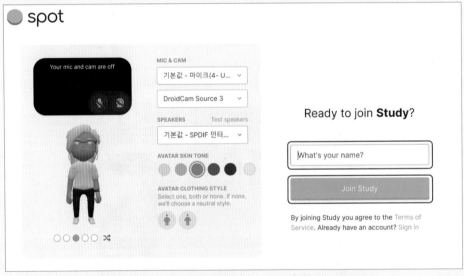

▲ 카메라와 오디오도 프로필 작성 페이지에서 확인할 수 있습니다.

# 시작화면과 캐릭터 설정

## 시작화면

스팟의 공식 홈페이지 메뉴입니다. 스팟의 경우 'Sign in'을 하고나면 다음 접속 시 자동으로 로그인되어 스페이스가 활성화되기 때문에 개인 정보 및 보안 문제가 걱정된다면 스팟 스페이스를 종료할 때 반드시 'Sign out'을 해주세요.

① Use Cases : 스팟을 간략히 소개하는 공간입니다. 가상 오피스와 가상 이벤트로 테마를 나누어 각각의 사례와 이용 효과에 대해 정리되어 있습니다.

② Pricing : 스팟의 이용 요금을 안내하는 공간입니다. 스페이스를 어떤 목적으로 사용할 것인지에 따라 가격은 상이하며 가상 오피스의 경우 '비즈니스'를 기준으로 매월 17$(한화 약 22,000원)가 청구되고 가상 이벤트는 '템플릿'을 기준으로 행사 진행 시 3$(한화 약 4,000원)를 지불하면 됩니다. 이용 요금에 대한 더욱 자세한 사항은 영업팀에 문의해 주세요.

▲ 가상 오피스 이용요금 안내

▲ 가상 이벤트 이용요금 안내

③ Download : 'Window'용 데스크톱 앱을 다운로드 받는 곳으로 스팟은 아직 'Mac'용 데스크
톱 앱 서비스는 지원하고 있지 않습니다.

④ Company : 스팟의 직원 소개 및 공지와 채용 공고를 확인할 수 있는 공간입니다.

## 캐릭터 설정

① 아바타의 설정을 변경하기 위해 스페이스의 캐릭터를 더블클릭합니다. 화면 우측 '내 프로필'
에서 아이디 아래 'Change avatar'를 선택합니다.

② 'Edit Avatar' 화면이 나타납니다. Base(기초), Clothing(의상), Accessories(악세서리) 등
아이템을 클릭해 원하는 대로 설정하고 완료했다면 'Save'를 클릭합니다.

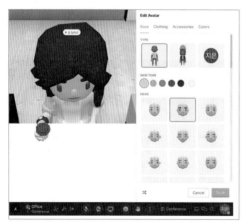

좀 더 특별하게 아바타를 꾸미고 싶다면 'Special(스페셜 아바타)'을 이용해보세요. 스팟에서 제작한 의상 세트를 다양하게 입어볼 수 있습니다.

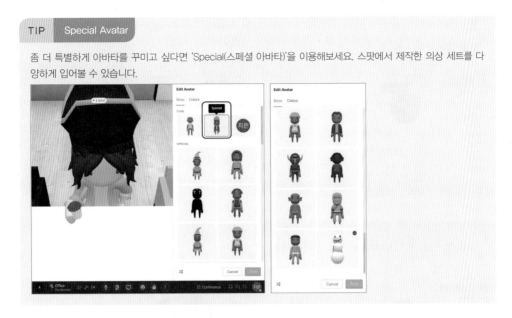

'User Photo(사용자 포토)'는 사용자의 프로필을 아바타로 대신해 사용하는 메뉴입니다. 사용자의 프로필 사진을 변경하는 방법은 다음과 같습니다.

① 스페이스의 캐릭터를 더블클릭합니다. '내 프로필'에서 'User Settings'을 선택합니다.

② 'My Account' 화면이 나타나고 페이지 상단 원형 모양의 'Change photo'를 클릭해 사진을 변경합니다.

③ 'My Account'를 종료하고 'Edit Avatar'에서 'User Photo'를 선택합니다. 아바타에서 프로필 사진으로 변경되며 'Save'를 클릭합니다.

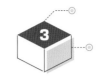

# 기본 조작

## 스페이스 탐색 및 이동

기존의 2D 메타버스 플랫폼이 키보드를 주축으로 이동 및 인터랙션을 조작했다면 스팟은 마우스를 이용하는 것이 아바타 조작에 더 편리합니다. 스팟의 마우스 조작 방법은 아래와 같습니다.

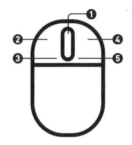

① 마우스 휠 : 화면이 확대되거나 축소됩니다.

② 마우스 왼쪽 버튼 클릭 시 : 클릭한 위치로 초록색 선이 생기며 아바타가 이동합니다.

③ 마우스 왼쪽 버튼을 클릭한 채로 드래그 : 화면 이동이 가능합니다.

④ 마우스 오른쪽 버튼 클릭 시 : 'Jump', 'Sit down', 'Keel down' 메뉴가 나타나고 Admin(관리자) 권한이 있는 경우 'Invite', 'Add sticky note' 메뉴도 함께 나타납니다.

⑤ 마우스 오른쪽 버튼을 클릭한 채로 드래그 : 화면의 시점이 변경됩니다.

▲ 1인칭 시점 화면

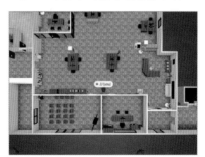

▲ Top view 화면

마우스 외에 키보드 조작도 가능합니다. 키보드의 W, A, S, D 키를 눌러 아바타를 이동하고 X 키 혹은 F 키를 눌러 의자에 앉거나 스페이스의 오브젝트를 활성화할 수 있습니다.

## 스팟의 메뉴

스팟의 기본 조작 방법을 익혔다면 이번에 좀 더 자세히 메뉴를 살펴보겠습니다. 스팟은 우측 상단의 'Reset view'와 'Toggle grid view' 아이콘이 있으며 이외의 메뉴는 모두 화면 하단의 메뉴바에서 확인할 수 있습니다.

### 상단

① Reset view(시점 재설정) : 화면의 시점을 재설정합니다. 기본적으로 탑뷰(Top View)로 설정되어 있습니다.

② Toggle grid view(그리드 뷰 보기 전환) : 화상회의 등을 위한 기능으로 참가자의 카메라 화면을 보여줍니다.

▲ 그리드 뷰 실행 시 카메라 작동 여부를 확인하고 카메라가 꺼져있을 시 프로필 사진만 나타납니다.

## 하단

③ **스페이스 구조** : 현재 공간과 공간의 구조, 참여자 메뉴를 볼 수 있습니다. 'CHANNELS'은 최근 업데이트된 메뉴로 태그를 이용해 주제에 따라 채팅할 수 있는 메뉴입니다. 채널에서 진행되는 채팅은 채팅별로 답장도 가능하여 스팟 내에서의 소통을 더욱 원활하게 해주는 방법입니다.

▲ 'SPACES'는 맵의 구조와 Room의 개수를 확인할 수 있습니다.

▲ 'CHANNELS' 태그를 이용해 주제별 채팅이 가능합니다.

④ Rooms(객실) : 아바타가 현재 위치한 스
페이스의 영역을 알려줍니다.

⑤ Invite(초대) : 게스트를 스페이스로 초대할 수 있습니다. 초대를 원하는 게스트에게 스페이스
링크를 생성해 보내면 초대가 완료됩니다. 또한 'Bring in as guest' 토글을 비활성화하고 초
대하면 'Member role'을 지정해 초대할 수 있습니다. 또 초대 링크를 보낼 때 만료 기한을 설
정할 수 있으므로 상황에 맞게 사용할 것을 권해드립니다.

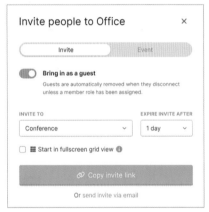

▲ 초대 링크 생성을 원한다면 'Copy invite link' 버튼을 클릭합니다. 잠시 후 링크 생성이 완료됐다는 메시지가 뜹니다.

⑥ Build mode(빌드 모드) : 클릭 시 빌드
모드가 실행되며, 스페이스 편집 권한이
있는 'Admin'의 경우에만 나타납니다
(이 부분은 뒤에서 좀 더 자세히 다룹니
다).

⑦ Leave(나가기) : 스페이스를 종료합니다.

⑧ Turn on microphone(마이크 켜기) : 마이크와 스피커를 설정합니다.

⑨ Turn on camera(카메라 켜기) : 카메라를 설정합니다. 카메라가 켜지면 아바타 대신 원형 모양으로 스페이스에 내 카메라 화면이 보이게 됩니다.

⑩ Share your screen(화면 공유) : 화면 공유 기능으로 전체화면, 창, 탭의 화면을 공유할 수 있습니다.

⑪ Reaction(리액션) : 상황에 맞는 이모티콘을 클릭하면 아바타 머리 위로 이모티콘이 나타납니다. 일부 이모티콘은 액션도 설정되어 있어 사용했을 때 아바타가 움직이기도 합니다.

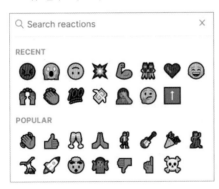 

⑫ Raise your hand(손들기) : 손들기 버튼을 클릭하면 아바타 머리 위로 손 그림이 나타납니다.

⑬ More actions(더보기) : 목록 버튼의 일종으로 메뉴바에 없는 기타 기능들을 확인할 수 있으며 '게스트 초대 링크 복사', 룸 설정 등의 기능이 있습니다.

더보기에서 'Turn on Presenter Mode'를 선택하면 발표자를 제외한 참여자의 카메라와 마이크를 한꺼번에 끌 수 있습니다.

⑭ Show conference chat(룸 채팅) : 현재 위치한 룸의 채팅을 보여줍니다.

⑮ Recent (최근 메시지 함) : 최근에 주고받은 메시지를 확인할 수 있습니다.

⑯ Direct message(개인 메시지) : 참가자들과 개인적으로 메시지를 주고받을 수 있고 'Direct message'에서 사용자 자신을 선택해 본인과 채팅할 수도 있습니다.

⑰ Quick Search(찾기) : 메시지에서 원하는 내용을 빠르게 찾을 수 있습니다.

⑱ 개인 설정 : 사용자의 상태를 입력할 수 있으며 사용자 설정, 아바타 꾸미기, 데스크톱용 앱 받기 등을 할 수 있습니다.

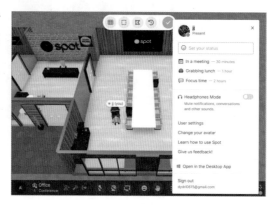

# 공간 제작

## Team

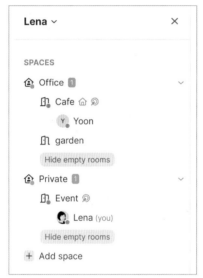

▲ 'Space'와 'Room'의 개념을 모두 포함하고 있는 'Team'

스팟의 회원가입을 진행하며 나만의 'Team'을 만들어 보았습니다. 그럼 이 'Team'은 어떤 구조로 이루어져 있을까요?(앞으로 'Team'은 편의상 스페이스라고 통칭하겠습니다) 화면 하단의 메뉴바에서 공간 구조 버튼을 클릭하면 현재 공간의 구조를 한눈에 볼 수 있는 화면이 나타납니다. 우리가 스페이스라고 부르는 'Team'은 'Space'와 'Room'의 개념을 모두 포함하고 있습니다. 'Room'에 참가자가 있는 경우 'Room' 아래 참가자 닉네임이 나타납니다. 'Room' 앞에 보이는 집 모양은 이 'Room'이 'Space'의 홈이라는 뜻입니다. 즉 스페이스에 처음 들어왔을 때 입장하게 되는 'Room'이라는 것을 알려줍니다. 그 아래로는 'Team'의 멤버가 나열되어 있습니다. 필요에 따라 'Admin'이 참가자들의 역할을 지정할 수도 있고 게스트 초대 링크로 들어온 참가자는 게스트로 분류되어 나타납니다. 이상 'Team'의 대략적인 구조를 살펴보았습니다. 이제 본격적으로 스페이스를 새로 만들어 보겠습니다.

## 스페이스 만들기

① 화면 하단의 메뉴바에서 공간 구조(▣) 버튼을 클릭하고 'Team name'을 클릭합니다. 'Team'
   과 관련된 목록이 나타나고 맨 아래 'Create new team'을 선택합니다.

 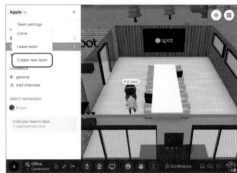

② 새 스페이스의 이름을 입력하고 적절한 스페이스 템플릿을 선택합니다. 스팟은 아직 젭의 '빈
   공간'에 해당하는 템플릿은 없기에 만들고자 하는 스페이스와 가장 유사한 템플릿을 선택하고
   'Let's go'를 클릭합니다.

## 빌드 모드

스페이스를 수정하기 위해서는 화면 하단의 빌드 모드(🔧) 버튼을 클릭해 빌드 모드를 활성화 해
줍니다.

## 도구 패널

① Toggle grid : 스페이스에 그리드가 나타나며 사용할 수 있는 공간의 범위를 확인할 수 있습니다.

② Marquee select : 마우스를 드래그하여 한번에 여러 개의 오브젝트를 선택할 수 있습니다.

③ Floorplan : 우측에 나타난 'Floorplan'과 같은 메뉴입니다.

④ Revision history : 변경 사항에 대한 기록을 확인할 수 있으며 구(舊) 버전으로 복구도 가능합니다.

⑤ Donr designing : 편집을 마치고 변경 사항을 저장합니다.

## 메뉴 패널

⑥ Add : 컴퓨터, 책상, 소파 등 다양한 오브젝트를 스페이스에 추가할 수 있습니다. 'Add'의 메뉴에서 스페이스에 추가하고자 하는 오브젝트를 선택한 뒤 필요한 위치에 클릭하면 스페이스에 추가됩니다. 또한 스팟 오브젝트는 별도의 인터렉트 설정을 하지 않더라도 아이템별로 기본 인터렉트가 반영되어 있습니다. 예를 들면 손으로 음료수 캔이나 커피잔과 같은 오브젝트를 잡을 수 있다든지 문이 자동으로 열리는 기능은 스팟 오브젝트만의 특징이라 말할 수 있습니다.

⑦ Floorplan : 바닥과 벽을 편집할 수 있습니다. 'Floorplan'을 클릭하면 맵에 그리드와 함께 스페이스 외곽선으로 굵은 선들이 나타나고 코너에는 원형 모양의 점이 생깁니다. 선을 드래그하면 스페이스의 확장과 축소가 가능하고 코너의 점을 드래그하면 부분만 확장되거나 축소됩니다. 'Room'을 더 추가하고 싶다면 패널 도구의 'Draw walls' 버튼을 클릭합니다. 바닥을 클릭해 점들을 선으로 이어 그리면 룸이 추가됩니다. 만약 잘못 그려 삭제하고 싶다면 지우고 싶은 점을 클릭해 패널 도구의 'Delete selection' 버튼을 클릭해 줍니다.

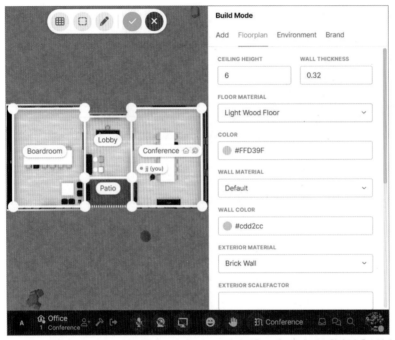

▲ 선을 드래그하면 스페이스의 확장과 축소가 가능하고 코너의 점을 드래그하면 부분 확장 및 축소됩니다.

Floorplan 패널 도구

① Toggle grid : 스페이스에 그리드가 나타나며 사용할 수 있는 스페이스의 범위를 확인할 수 있습니다.
② Marquee select : 마우스를 드래그하여 한 번에 여러 개의 오브젝트를 선택할 수 있습니다.
③ Draw walls : 벽을 그리고 편집할 수 있습니다.
④ Save floorpan : 변경 사항을 저장합니다.
⑤ Discard Changes : 변경 사항을 저장하지 않습니다.

⑧ Environment : 원하는 타입을 선택해 맵의 외부 환경을 바꿀 수 있습니다. 현재 타입은 스팟의 본사가 있는 시애틀이 기본 설정으로 되어있습니다.

⑨ Brand : 컴퓨터 및 텔레비전 오브젝트 화면에 나타나는 스크린의 로고나 색을 설정할 수 있습니다.

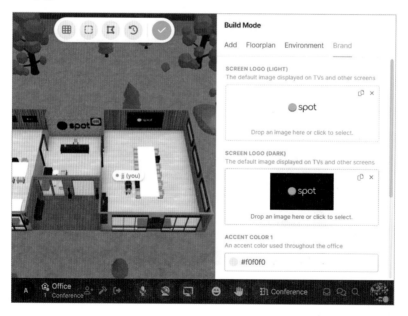

이렇게 빌드 모드를 이용하면 기존의 스팟 템플릿에 다양한 변화를 만들 수 있습니다. 빈 공간에서 시작하는 템플릿은 없지만 완전히 새로운 공간을 만들고 싶을 때는 간단한 템플릿을 선택해 공간을 확장하는 방법을 추천합니다. 그리고 스팟에서 스페이스 편집을 할 때 편집 후 Ctrl + Z 나 'Revision history' 기능을 활용해 되돌리기가 가능하다는 것도 참고하시길 바랍니다.

## 오브젝트 활용하기

스팟은 3D로 구현되는 메타버스 플랫폼으로 오브젝트 역시 3D로 배치됩니다. 스팟의 오브젝트에서 주목할 만한 몇몇 기능에 대해서 좀 더 자세히 알아보도록 하겠습니다. 먼저 오브젝트를 스페이스에 배치한 후 오브젝트의 크기, 색깔, 링크 등을 설정할 수 있습니다. 배치 후 언제든지 필요할 때 오브젝트의 설정을 변경할 수 있다는 것은 스팟 오브젝트의 가장 큰 장점 중 하나라고 꼽을 수 있습니다.

① 빌드 모드를 활성화하고 'Add' 메뉴에서 배치하려는 오브젝트를 선택합니다.

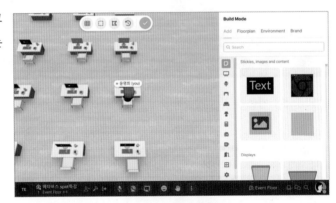

② 스페이스에 배치하고자 하는 곳을 클릭해 오브젝트를 스페이스에 추가하고 추가한 오브젝트를 클릭해 봅니다.

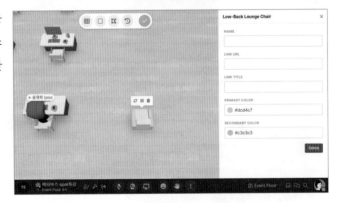

③ 오브젝트 위로 나타난 메뉴는 오브젝트의 방향을 변경하거나 삭제할 수 있으며 화면 우측에 나타난 메뉴는 오브젝트의 이름, 링크, 색깔 등을 설정할 수 있는 메뉴입니다. 선택하는 오브젝트의 특징에 따라 우측 화면에 나타나는 메뉴는 조금씩 달라집니다.

### • 오브젝트 대표 카테고리별 특징

오브젝트 카테고리의 첫 번째에 있는 'Sticky', 'images and content'의 오브젝트들은 텍스트, 웹 사이트, 이미지 등을 링크할 수 있는 오브젝트입니다. 맵 상에 보여지는 텍스트나 이미지도 쉽게 변경할 수 있어서 다양한 활용이 가능합니다.

▲ 텍스트, 웹 사이트, 이미지 등을 링크할 수 있는 오브젝트

두 번째 카테고리인 'Display' 메뉴는 스팟에서 가장 주목할 만한 오브젝트입니다. 모니터, TV, 스피커 등 다양한 디스플레이 오브젝트들이 있으며 화면을 공유하거나 영상, 음악을 재생할 수 있습니다. 오브젝트에서 재생할 미디어를 미리 정하는 것이 아니라 필요할 때 바로 재생할 수 있다는 것도 유용한 기능입니다.

▲ 화면을 공유하거나 영상 및 음악을 재생할 수 있는 오브젝트

먼저 모니터와 같이 화면이 있는 디스플레이 오브젝트들은 스페이스 배치한 후 마우스를 가져가면 오브젝트의 화면에 공유할 수 있는 메뉴가 나타납니다. 오브젝트에 참가자의 화면, 카메라, 이미지, 웹 사이트, 유튜브 영상을 쉽게 공유할 수 있으며 디스플레이 오브젝트를 여러 개 배치하여참가자가 각각의 디스플레이 오브젝트에 자신의 화면을 공유할 수 있습니다. 이런 오브젝트의 특징을 활용하면 다수의 참가자가 화면을 함께 공유할 수 있는 온라인 스페이스를 구성할 수 있습니다.

▲ 참가자 각각의 디스플레이 오브젝트에 화면을 공유할 수 있습니다.

이외에도 음료수를 먹고 마시는 기능이 있는 'Food'와 'Drink' 오브젝트, 벽에만 배치가 가능한 'Door'와 'Window' 오브젝트도 있습니다. 원하는 오브젝트가 없는 경우 'Custom Asset'으로 오브젝트를 추가할 수도 있습니다. 스팟이 3D 플랫폼이므로 'Custom Asset'은 3D로 모델링 된 파일로 업로드가 가능합니다. 'Custom Asset' 업로드 기능은 'Free Plan'인 경우에는 사용할 수 없으며 유료 버전을 사용하는 경우에만 가능합니다.

# 공간 관리

## Team의 구조

앞에서 설명한 것처럼 스팟의 공간은 'Team', 'Space', 'Room'으로 나누어 볼 수 있습니다. 이번 장에서는 각각의 요소들이 갖는 특징을 알아보도록 하겠습니다.

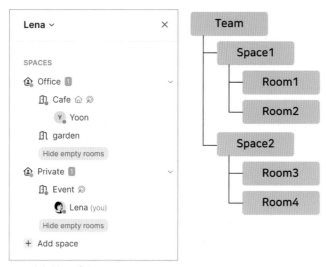

▲ 도식화된 'Team'의 구조

스팟의 공간은 그림과 같은 트리 구조로 만들어집니다. 하나의 'Team' 아래에는 여러 개의 스페이스를 만들 수 있으며, 하나의 스페이스 아래에는 또 여러 개의 'Room'을 만들 수 있습니다.

● **Team**

① **Team Settings** : 현재 'Team'의 이름, 링크, 멤버, 초대권한, 계획 등을 확인하고 변경할 수 있습니다.

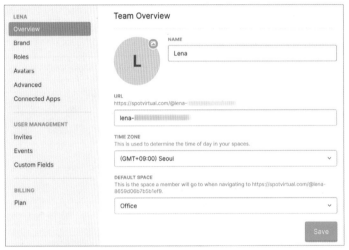

▲ Team Settings를 클릭했을 때 나타나는 화면

② **Set as home** : 스팟에 처음 들어왔을 때 접속되는 'Team'으로 설정합니다. 현재 홈(Home) 으로 설정된 'Team'에는 나타나지 않습니다.

③ **Clone** : 현재 'Team'을 복제합니다.

④ **Leave team** : 현재 'Team'에서 나가는 기능입니다. 스팟에는 'Team' 삭제 기능이 없으므로 'Leave team' 기능을 이용하여 'Team'을 내 'Team'에서 삭제할 수 있습니다.

## • Space

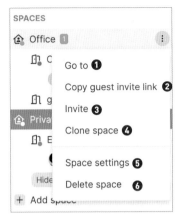

① Go to : 해당 스페이스로 이동합니다.

② Copy guest invite link : 게스트 초대 링크를 복사합니다.

③ Invite : 권한을 부여한 초대 링크나 이벤트 초대 링크를 복사해 메일로 보낼 수 있습니다.

④ Clone space : 현재 스페이스를 복제합니다.

⑤ Space Settings : 스페이스의 이름과 URL 주소, 스페이스 공개 여부 등을 변경합니다. 'Public'으로 공개된 스페이스에는 비밀번호를 추가할 수 있습니다.

⑥ Delete space : 현재 스페이스를 삭제합니다.

## • Room

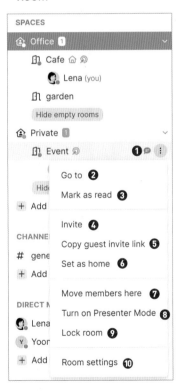

① Message : 선택한 'Room'에 메세지를 보냅니다.

② Go to : 선택한 'Room'으로 이동합니다.

③ Mark as read : 선택한 'Room'의 메시지를 모두 읽은 상태로 표시합니다(현재 내가 있는 Room을 선택하면 나타나지 않습니다).

④ Invite : 권한을 부여한 초대 링크나 이벤트 초대 링크를 복사해 메일로 보낼 수 있습니다.

⑤ Copy guest invite link : 게스트 초대 링크를 복사합니다.

⑥ Set as home : 선택한 'Room'을 홈(home)으로 설정합니다(현재 내가 있는 Room을 선택하면 나타나지 않습니다).

⑦ Move member here : 선택한 'Room'으로 멤버를 선택해 소환합니다.

⑧ Turn on Presenter Mode : 'Presenter Mode'를 활성화합니다. 'Presenter Mode'를 활성화하면 발표자 외에 다른 참가자의 마이크와 카메라가 꺼집니다.

⑨ Lock room : 선택한 'Room'이 잠겨 참가자가 들어가거나 나갈 수 없습니다.

⑩ Room Settings : 'Room'의 이름과 URL 주소, 'Room' 공개여부, spatial audio 설정 등을 변경할 수 있습니다. 왼쪽 사이드 바 메뉴에서는 'Room'을 삭제할 수 없으며, 'Room' 삭제는 'Floorplan'에서 가능합니다.

현재 스팟(spot)에서는 'Team'의 'Team settings'에서 역할을 생성하고 역할에 따라 어떤 권한을 부여할 것인지도 편집이 가능합니다. 이렇게 만든 역할에 멤버를 지정하는 것도 가능합니다. 단, 지금은 역할이 전체 'Team'에서 적용되도록 설정되어 있으며, 추후 'Space', 'Room'별로 권한 설정이 가능하도록 업데이트 예정이라고 합니다.

### 게더타운 & ZEP과의 차이

스페이스를 만드는 점에서 벽을 그리고 다시 타일로 효과를 지정해줄 필요가 없습니다. 벽을 그리면 바로 방으로 지정할 수 있습니다. 또한 벽을 원하는 대로 다양한 방향으로 만들어낼 수 있기 때문에 복잡한 구조로 공간을 설계할 수도 있습니다. 단점이라면 게더타운이나 ZEP처럼 아주 큰 맵은 아직 만들지 못합니다. 게더타운으로 따지면 룸에 해당하는 공간의 크기가 이미 정해져 있는거죠. 이건 새로운 공간을 만들 때에 선택하는 템플릿에서 크기가 정해집니다.

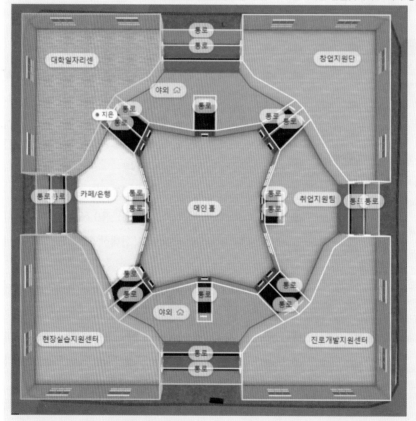

▲ 복잡하게 설계 되어진 관동대학교 스팟(Spot)

# 스팟 활용 사례

## 에듀벤처 사무실　URL　bit.ly/edvspot

▲ 스팟으로 만든 에듀벤처 사무실입니다

## 에듀벤처 사무실 2　URL　bit.ly/edvspot2

▲ 스팟으로 만든 에듀벤처의 두 번째 사무실 입니다.]

## SPOT 사무실　URL　bit.ly/spotoffice

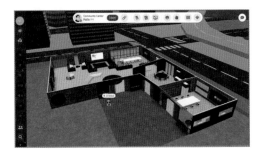

▲ 스팟으로 만든 스팟 사무실

## 관동대학교 요셉관 `URL` bit.ly/ckujoseph

▲ 스팟으로 만든 관동대학교 요셉관


## 20대 선거 홍보관 `URL` bit.ly/pe20th

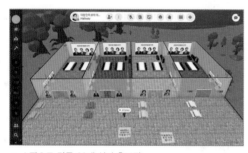 

▲ 스팟으로 만든 20대 선거 홍보관

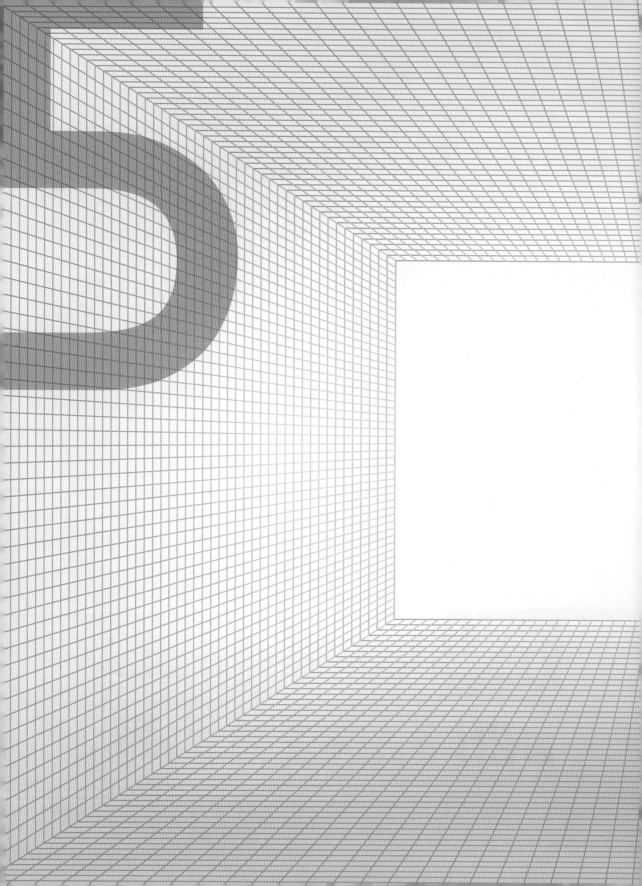

# 메타버스
## 웹앱들

# 구글앱스(Google Apps)

## 구슬이 서말이라도 꿰어야 보배

앞에서 소개한 게더타운, 젭, 스팟은 전부 '타인과의 만남'을 기반으로 하는 메타버스 플랫폼입니다. 다음에 소개하는 앱들은 웹 기반 앱으로 다른 웹 사이트에도 'iframe'으로 삽입이 가능한 사이트입니다. 이 앱들을 메타버스 플랫폼에 추가하면 플랫폼 공간에서 보다 재미있고 유용한 활동을할 수 있습니다.

## 구글 드라이브를 이용해 게더타운에 PDF 파일 임베드 하기

구글 드라이브는 파일 저장뿐만 아니라 다른 사람들과 공유하도록 권한을 부여할 수 있습니다. 구글 드라이브를 활용해 게더타운에 PDF 파일을 임베드 해보겠습니다.

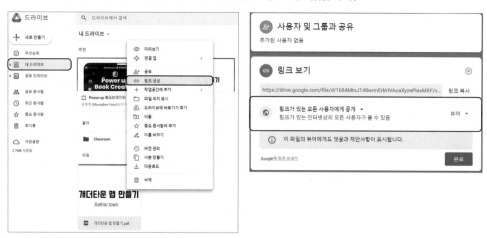

▲ 구글 드라이브에 PDF 파일을 업로드한 후 링크 생성을 진행한 화면

▲ 링크를 수정하지 않아 에러가 발생한 화면

먼저 구글 드라이브에 PDF 파일을 업로드 한 후 링크를 생성합니다. 링크 보기 아래 공유 권한을 '링크가 있는 모든 사용자에게 공개'로 변경해 링크를 복사합니다. 이렇게 복사한 링크를 게더타운의 오브젝트에 임베드 하면 다음과 같은 화면이 나타납니다. 구글 드라이브의 기능을 제대로 활용하기 위해서는 링크 주소의 마지막 부분을 꼭 수정해주어야 합니다. 예를 들어 'https://drive.google.com/file/d/1684MtoJ⋯/view?usp=sharing'의 주소에서 마지막 '/(슬래시)' 뒤에 나오는 'view?usp=sharing' 부분을 아래와 같이 'preview'로 수정해 게더타운 오브젝트에 임베드합니다.

`URL` https://drive.google.com/file/d/1684MtoJ⋯/view?usp=sharing

`URL` https://drive.google.com/file/d/1684MtoJ⋯/preview

링크 맨 뒷부분을 'preview'로 수정하면 게더타운의 임베드 주소가 제대로 동작하게 되고 아래와 같은 화면이 나타납니다.

▲ 게더타운에 PDF 파일이 성공적으로 임베드된 화면

## 구글 드라이브를 이용해 게더타운에 문서앱 임베드 하기

구글 문서, 스프레드시트, 프레젠테이션 또한 웹 기반의 문서 편집 앱으로 구글 드라이브에 업로드된 파일과 동일하게 각 문서에는 고유의 링크가 있습니다. 이 링크를 이용해 문서를 공동 편집할 수 있으며 권한에 맞게 공유할 수도 있습니다. 구글 문서나 프레젠테이션을 게더타운 오브젝트에 임베드 하기 위해서는 먼저 앞에서처럼 공유 권한을 설정해 주어야 합니다.

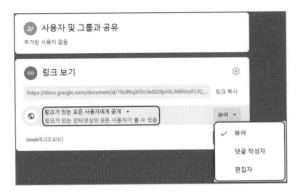

구글 문서에서 공유 권한을 '링크가 있는 모든 사용자에게 공개'로 설정해 준 뒤 뷰어를 클릭해 뷰어, 댓글 작성자, 편집자 권한 중 알맞은 권한을 선택해 설정합니다. 복사한 구글 문서의 링크를 살펴보면 아래와 같이 마지막 부분이 'edit?usp=sharing'으로 되어 있습니다.

URL https://docs.google.com/document/d/1hUfKqXiOc0.../edit?usp=sharing

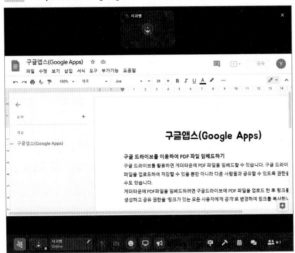

▲ URL 링크의 마지막 주소를 'edit?usp=sharing'으로 임베드 한 화면

이 링크를 그대로 게더타운 오브젝트에 임베드 하면 위의 이미지처럼 구글 앱의 메뉴 화면이 모두 나타나고 문서의 공유 권한이 편집자로 주어졌을 경우 게더타운에서 문서 편집도 가능합니다. 구글 앱의 메뉴 화면을 보이지 않게 하려면 오브젝트에 임베드하려는 링크의 맨 뒤 주소를 'preview'로 바꾸어서 임베드 하면 해결됩니다.

`URL` https://docs.google.com/document/d/1hUfKqXiOc0.../preview

▲ URL 링크의 마지막 주소를 'preview'로 변경해서 임베드한 화면

구글 워드 문서뿐만 아니라 스프레드시트, 프레젠테이션도 동일하게 공유 링크를 그대로 사용하면 앱 메뉴가 나타나는 화면으로 임베드 되어 URL 링크의 마지막 주소를 반드시 'edit?usp=sharing'에서 'preview'로 바꾸어 사용하면 메뉴가 보이지 않는 뷰어 화면으로 임베드 할 수 있습니다.

## 구글 설문지 게더타운에 임베드 하기

구글 설문지는 온라인으로 설문 조사를 하거나 퀴즈를 만드는 구글 앱으로 이메일, 링크, 웹 임베드 등 다양한 방법으로 설문을 보낼 수 있습니다. 설문을 작성한 후 보내기를 클릭하고 링크 주소를 복사해 게더타운 오브젝트에 임베드 합니다. 이때 답변자의 로그인 필요 유·무, 1회로 답변 제한 등의 설문 응답 설정을 필요에 따라 알맞게 선택합니다.

▲ 구글 설문지 응답 링크를 임베드한 화면

# 다이얼로그 플로우(Dialog flow)

다이얼로그 플로우는 구글에서 만든 자연어 처리 기술을 이용한 챗봇 개발 플랫폼으로 코딩 없이 무료로 챗봇을 만들 수 있는 서비스입니다.

**URL** https://dialogflow.cloud.google.com/

▲ 구글에서 제공하는 자연어 처리 기술을 이용한 챗봇 개발 플랫폼

다이얼로그 플로우는 구글 계정이 있다면 구글 클라우드 플랫폼 서비스와 다이얼로그 플로우 서비스 동의 후 사용이 가능합니다. 게더타운에 다이얼로그 플로우 챗봇을 연결하려면 오브젝트의 웹 사이트 임베드 기능을 사용합니다. 다음은 다이얼로그 플로우로 작성한 챗봇을 게더타운에 임베드 하는 방법을 알아보겠습니다. 먼저 다이얼로그 플로우에서 챗봇을 작성하고 콘솔에서 integrations 〉 Web Demo를 선택합니다.

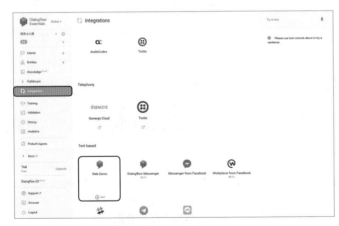

Web Demo를 최초로 실행하면 페이지 링크 공유에 대한 안내 화면이 나타납니다. 허용을 의미하는 'ENABLE'을 클릭합니다.

화면에 임베드할 수 있는 코드 창이 나타납니다. ①번은 Web Demo에서 바로 실행시킬 수 있는 링크 주소이고, ②번은 게더타운에 임베드 할 때 사용할 수 있는 링크 주소입니다. 화면에서 ②번의 src 메뉴 이후에 나타나 있는 " " 안의 링크를 복사해 게더타운 주소창에 붙여넣기 하면 챗봇 임베드가 완료됩니다.

# 모질라 허브(Mozilla Hubs)

## 웹 기반 3D 가상공간 플랫폼

▲ 고화질의 3D 가상공간을 무료 제작할 수 있는 모질라 허브

Mozilla Corporation[1]의 비영리 모회사인 모질라 재단(Mozilla Foundation)[2]에서 제작한 웹 VR 실험 프로젝트로 웹 기반의 3D 화상 플랫폼입니다. 직관적인 인터페이스로 자신만의 3D 공간을 쉽게 만들 수 있으며 아바타를 이용해 사용자 간의 서로 소통할 수 있습니다. 모질라 허브는 별도의 설치 프로그램이나 앱스토어가 필요하지 않고 URL 만으로 사용자를 초대할 수 있어 회의, 교육, 전시회 등 다양한 활동이 어렵지 않게 가능합니다.

---

1  **Mozilla Corporation** : 모질라 재단이 전적으로 소유한 자회사로서, 전 세계 오픈 소스 개발자 커뮤니티가 행하는 파이어폭스, 시몽키 웹 브라우저와 모질라 선더버드 이메일 클라이언트와 같은 인터넷 관련 응용 소프트웨어의 개발을 조정, 통합한다.

2  모질라 재단은 자유 소프트웨어 기반의 모질라 프로젝트를 지원하고 이끌기 위해 설립된 비영리 재단이다. 이 재단은 모질라 소프트웨어의 출시 및 개발을 지휘하고 특정 모질라 개발자를 고용하여 개발 정책을 수립하고 실행하는 데 목적이 있다.

▲ 갤러리 형태로 벽에 전시를 할 수 있는 공간 디자인

▲ 눈 내리는 애니메이션이 적용된 공간 디자인

## 모질라 허브의 특징

모질라 허브는 앞에서 말한 몇 가지 특징 외에도 기존의 메타버스 플랫폼과는 다른 차이점을 보입니다. 먼저 고화질의 3D 가상공간을 누구나 무료로 제작할 수 있습니다. 또 다양한 디자인의 템플릿으로 완성도 높은 3D 공간을 만들 수 있고 POV(Point of View)의 1인칭 시점으로 참가자의 시점이 고스란히 담겨 생동감 넘치는 가상공간 체험이 가능합니다. 그리고 공간 내부의 오브젝트를 다양한 형태(드로잉, 동영상, gif 등)로 삽입할 수 있어 발표 도구로도 매력적이며 한 번 생성된 공간은 해당 주소를 저장하면 영구 접속이 가능합니다. 하지만 모질라 허브도 몇 가지 주의할 점이 있습니다. 모질라 허브의 스페이스 이용자는 최대 25명을 권장하며 100명 이상일 경우 오류가 발생합니다. 또한 유튜브 영상은 모질라 허브 내에서 재생되지 않기 때문에 추가할 수 없습니다.

## 게더타운에서 활용법

앞서 살펴보았던 게더타운도 웹 브라우저 기반이고 손쉽게 스페이스를 확장할 수 있어 많은 기업에서 이벤트 및 전시 플랫폼으로 채택하고 있습니다. 그러나 게더타운은 2D의 한계성으로 완벽한 메타버스 체험이라고 말하기는 어렵습니다. 이러한 단점을 보완하기 위해 게더타운의 특별한 기능을 이용해 다른 메타버스 플랫폼과 연결하면 2D의 메타버스 경험을 3D로 확장할 수 있습니다.

### • 모질라 허브를 게더타운에 임베드하는 방법

① 모질라 허브에서 3D 공간을 만듭니다. 화면 상단 더 보기 버튼을 클릭합니다. 화면에 더 보기 메뉴가 나타나면 '초대하기'를 선택합니다.

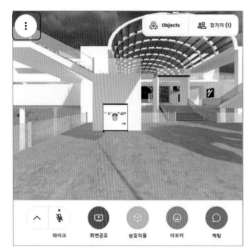

② 초대 링크가 생성되면 맨 위 'Room Link'의 복사 버튼을 클릭합니다. 게더타운의 빌드 패널에서 Objects 〉 Object Details 〉 Object Interactions 〉 External call에 모질라 허브의 'Room Link'를 붙여넣기 하거나 맵 메이커에서 Objects 〉 Object Details 〉 Object Interactions 〉 Note object에 모질라 허브 'Room Link'를 붙여넣기 합니다.

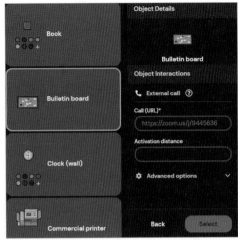

**TIP** 모질라 허브는 다른 앱들과 다르게 게더타운 내에 임베딩할 수 없습니다. 단, 링크를 'Object Interactions'의 항목에 복사해 클릭했을 때 새 탭에서 열리는 형태로 삽입이 가능합니다.

# 북 크리에이터(BOOK CREATOR)

## 온라인에서 만드는 나만의 책

북 크리에이터는 웹 사이트에서 교사가 학생을 작가로 초대해 책을 만드는 교육 서비스 중 하나로 사용법이 간단하고 여러 사람이 동시에 참여할 수 있어 교육 현장에 최적화된 웹앱입니다.

URL https://bookcreator.com

▲ 누구나 손쉽게 전자책을 만들 수 있는 북 크리에이터

북 크리에이터의 로그인 방법은 구글, 마이크로소프트, QR 코드 중 한 가지 방법을 선택해 로그인 할 수 있습니다. 다만, 라이브러리를 만들어야 한다면 로그인 시 'Switch to teacher'을 클릭해 반드시 교사 계정으로 로그인을 진행해야 합니다.

▲ Teacher(교사) 로그인 화면

▲ Student(학생) 로그인 화면

북 크리에이터는 작가들을 초대해 개인 혹은 여러 참여 형태로 책을 만들 수 있으며 제작이 완료된 책은 온라인에서 출판이 가능합니다. 또한 웹 사이트 임베드뿐만 아니라 동영상 삽입 및 직접 펜으로 그림을 그리는 기능도 사용할 수 있습니다. 이런 기능을 활용해 인터렉션이 가능한 이야기책과 과학 리포트 등을 만들어 보세요. 현재 많은 학교와 학생들이 북 크리에이터를 이용해 다양한 활동을 진행하고 있습니다.

▲ 북 크리에이터 편집 화면

▲ 북 크리에이터 읽기 화면

◀ 북 크리에이터로 만든 예제 책

북 크리에이터에서는 링크를 이용해 각각의 책을 공유할 수도 있습니다. 먼저 북 크리에이터에서 책이나 라이브러리를 온라인에 게시한 다음, 게시된 링크를 게더타운 오브젝트에서 'Embedded website' 기능을 이용해 사용할 수 있습니다.

## 라이브러리 주소 게더타운에 임베드 하기

게더타운에 라이브러리 주소를 임베드 하면 해당 라이브러리 안에 있는 책들이 모두 전시되어 라이브러리에서 책을 클릭해 읽을 수 있습니다.

① 북 크리에이터에서 임베드를 원하는 라이브러리에 들어가 상단의 설정 버튼을 클릭합니다.

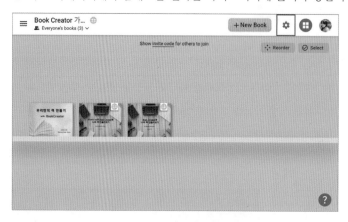

② 'Library Settings' 대화상자에서 아래쪽 'Publish library online'을 클릭합니다.

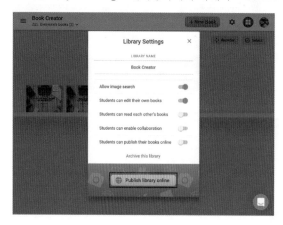

메타버스 웹앱들_5부

③ 화면에 'Publish Library Online' 대화상자가 나타나고 2번 질문에 'only people with the link and a password'를 클릭한 후 'Library theme'에서 원하는 디자인을 선택하고 'Confirm and publish online'을 클릭합니다.

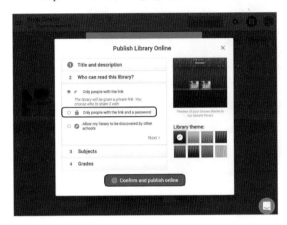

TIP  이외의 다른 사항들은 내용을 확인한 뒤 원하는 대로 입력하면 됩니다.

④ 'Library publish'가 완료되었다는 메시지가 나타나면 'View online'을 선택합니다.

⑤ 현재 화면의 URL 링크를 복사해 게더타운 주소창에 붙여넣기 합니다.

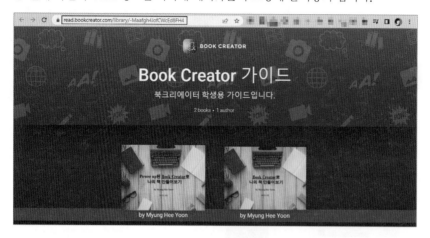

⑥ 게더타운에 북 크리에이터의 라이브러리를 URL 링크로 삽입한 모습입니다. 각각의 책을 클릭해 읽을 수 있습니다.

## 책 주소 임베드 하기

책 주소를 임베드 하면 해당 책의 읽기 링크가 열려 책을 읽을 수 있습니다. 책 주소를 임베드하는 방법은 아래와 같습니다.

① 북 크리에이터에서 임베드 하려는 책 화면의 하단 공유 버튼을 클릭한 후 'Publish online'을 선택합니다. 'CONFIRM BOOK DETAILS' 대화상자의 설정을 모두 확인하고 'publish online'을 클릭합니다.

② 'Copy link'를 클릭해 복사한 URL 링크를 게더타운 오브젝트의 'Embedded website' URL에 붙여넣기 합니다.

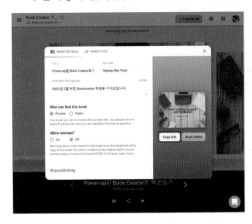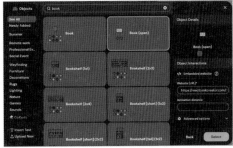

③ 게더타운에 북 크리에이터의 책을 URL 링크로 삽입한 모습입니다. 'Read now'를 클릭하면
해당 책을 바로 읽을 수 있습니다.

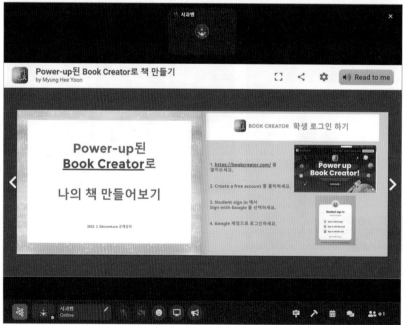

# 미리캔버스(Miri canvas)

## 무료 디자인 툴로 프레젠테이션을 더 쉽고 재미있게

미리캔버스는 프레젠테이션, 썸네일, 배너 등을 손쉽게 만들 수 있는 무료 디자인 웹앱입니다. 국내 기업에서 만든 웹앱으로 구글뿐만 아니라 네이버나 카카오 계정으로도 가입할 수 있으며 PC, 모비일, 태블릿과 같이 다양한 기기에서 작업이 가능합니다. 또, URL 링크로 작품을 쉽게 공유할 수 있어 USB가 필요 없는 편리한 도구입니다.

**URL** www.miricanvas.com

▲ 통합 디자인 솔루션 미리캔버스

게더타운에 이미지를 삽입할 수도 있는데 미리캔버스에서 만든 광고 이미지 URL 링크를 복사해 게더타운 임베드 주소창에 붙여넣기 하면 됩니다.

▶ 미리캔버스로 만든 광고 이미지를 게더타운에 임베드한 화면

# 슬라이도(Slido)

## 비대면 온라인 수업에 최적화한 웹 프로그램

슬라이도는 참가자들과 다양한 인터랙션이 가능한 퍼실리테이션 도구입니다. 주로 온라인 원격 수업 중 의사소통 용도로 많이 사용되며 무료 버전에서도 동시 참가자를 100명까지 지원하고 있습니다. 구글 및 Webex 계정으로 회원가입이 가능하며 가입 후 'Create'를 클릭해 나타난 화면에서 이벤트 이름이나 코드 등을 원하는 대로 설정할 수 있습니다. 애플이나 구글과 같은 유명한 키워드도 다른 사람이 사용하고 있지 않다면 입력 가능합니다. 만들 수 있는 활동은 총 여섯 가지로 객관식, 단어 시각화, 퀴즈, 별점, 채팅, 랭킹입니다.

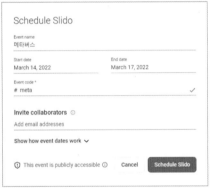

▲ 객관식 활동 예제

대시보드에서 예약 중인 활동과 지난 활동 기록을 확인할 수 있으며 새로운 활동을 만들 수도 있습니다. 참가자는 별도의 로그인 없이 교사가 보낸 URL 링크를 통해 접속하며 QR 코드로도 입장이 가능합니다.

▲ 대시보드에서 확인할 수 있는 활동 리스트

▲ 지난 활동 다시 보기

# 아이오라드(iorad)

## 효율적인 튜토리얼 생성

아이오라드는 튜토리얼 제작을 위한 단계별 가이드를 제공하는 튜토리얼 빌더 서비스로 크롬 브라우저에서 확장 프로그램을 다운로드해 설치하는 것만으로 튜토리얼 생성이 가능하고 제작이 완료된 튜토리얼은 URL 링크로 쉽게 전달할 수 있습니다. 또 만들어진 튜토리얼은 URL 링크로 쉽게 전달할 수 있어 매우 편리합니다.

URL **www.iorad.com**

▲ 튜토리얼 제작을 간단히 끝낼 수 있는 빌더 서비스 아이오라드

## 화면 캡처

튜토리얼 제작 시 가장 많은 시간을 할애하는 부분이 바로 화면 캡처입니다. 교육 자료를 한 번이라도 만들어 보신 분들이라면 아마 공감하실 겁니다. 화면을 하나하나 캡처하고 정리해 편집하는 것이 얼마나 큰일인지요. 하지만 아이오라드를 이용해 튜토리얼 제작을 진행하면 화면 캡처에 드는 시간을 반으로 단축해 줍니다. 바로 아이오라드만의 화면 캡처 프로그램 덕분인데요. 아이오라드에서 화면을 캡처하는 방법은 두 가지가 있습니다. 바로 'Web'과 'Desktop'입니다.

• **웹 & 데스크톱(Web & Desktop)**

▲ 아이오라드의 화면 캡처 방법

① Web : 아이오라드의 크롬 확장프로그램을 설치해 브라우저 창을 캡처한 뒤 튜토리얼 제작

- Web에서 캡처하기

　크롬 웹 스토어에서 아이오라드 확장 프로그램을 설치하면 브라우저 주소창 옆에서 확장프로그램을 확인할 수 있습니다. 핑크색의 아이오라드 확장프로그램을 클릭해 'Capture'를 누르면 안내와 함께 'Start' 버튼이 나타납니다. 'Start' 버튼을 클릭하여 캡처를 시작할 수 있으며, 캡처를 마칠 때는 주소창 옆의 확장프로그램을 다시 한번 클릭하고 'Done'을 선택합니다. 캡처 전이나 후에 아이오라드 계정으로 로그인하면 캡처된 내용을 편집할 수 있습니다.

② Desktop : 데스크톱용 프로그램을 설치해 PC 화면을 캡처한 뒤 튜토리얼 제작

- Desktop에서 캡처하기

　데스크톱용 프로그램을 설치한 후 실행하면 데스크톱의 작업 표시줄에서 아이오라드 아이콘을 확인할 수 있습니다. 아이콘에 마우스 오른쪽 버튼을 클릭한 후 나타나는 메뉴에서 'Create New'를 선택하면 화면을 캡처할 수 있는 창이 나타납니다. 캡처 창의 사이즈를 조절한 후 'Start' 버튼을 눌러 캡처를 시작하고 'Stop' 버튼을 눌러 캡처를 마친 후 'Done'을 선택하면 아이오라드 편집 화면으로 연결됩니다.

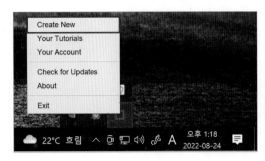 

## 게더타운에 튜토리얼 임베드

게더타운에서 아이오라드로 제작한 튜토리얼을 임베드 하기 위해선 오브젝트의 임베드 웹 사이트 기능을 이용합니다. 아이오라드 튜토리얼을 임베드 하려면 상단 메뉴 'Tutorials'에서 임베드를 원하는 튜토리얼 명을 클릭합니다. 화면에 나타나는 메뉴 중 'share'을 선택하면 제공되는 'Direct', 'Short', 'Step List' 세 링크 중 하나를 복사해 게더타운 임베드 주소창에 붙여넣기 합니다.

### ● Direct / Short & Step List 링크

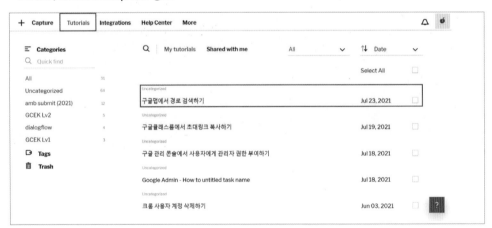

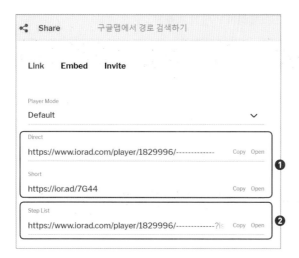

①번의 'Direct'와 'Short' 링크로 임베드 하게 되면 튜토리얼은 클릭을 이용해 진행됩니다. 반면 ②번의 'Step List'를 임베드하면 튜토리얼 진행은 클릭이 아닌 스크롤을 이용해 진행되는 걸 확인할 수 있습니다.

① Direct / Short 링크로 임베드 : 클릭하여 스텝이 진행됨

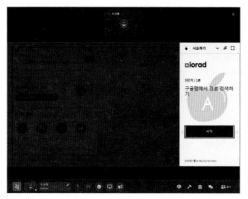

② Step List 링크로 임베드 : 튜토리얼을 스크롤하여 스텝이 진행됨

# 온라인 스톱워치(Online Stopwatch)

## 시계를 보는 유쾌한 시선

온라인 스톱워치는 말 그대로 온라인 웹에서 정확한 시간을 측정할 수 있는 프로그램입니다. 주로 수험생들 사이에서 공부 시간 측정이나 모의시험 알람용으로 많이 사용하고 있습니다. 지금 소개하는 온라인 스톱워치 사이트는 앞에서 말한 평범한 스톱워치에서부터 게임적 요소를 가미한 스톱워치까지 종류가 정말 다양한데 그중 경주를 하는 레이스 타이머가 제일 큰 인기입니다.

URL www.online-stopwatch.com

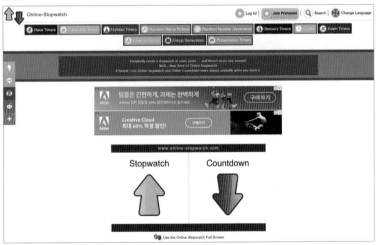

▲ 온라인에서 정확한 시간을 측정할 수 있는 프로그램

▲ 게임적 요소가 가미된 스톱워치들

또한, 무료 버전에서는 최대 6명까지만 사용할 수 있는 타이머가 많은데 Duck Race와 같은 타이머는 무료 버전에서 100명까지도 사용이 가능합니다. 이벤트나 재미있는 순서 정하기에서 사용하기 좋으며 타이머 외에도 이름 뽑기 등이 있어 경품 추첨이나 발표 순서 정하기에도 좋습니다.

브이클락(Vclock)

인터넷에 타이머라고 검색하면 다양한 타이머가 나오고 그중 5분 타이머라고 검색하면 브이클릭이 나옵니다. 학생들에게 시간 안내를 하거나 쉬는 시간 등 공지를 할 때 매우 유용하게 사용할 수 있습니다.

# 코스페이시스 에듀(CoSpacesEdu)

## 웹 기반의 3D 가상 공간 제작 프로그램

**URL** https://cospaces.io/

독일의 스타트업이 개발한 코스페이시스 에듀는 나만의 3D 가상세계를 만들어 보고 직접 만든 가상세계를 VR과 AR로 체험할 수 있는 콘텐츠 제작 도구로 저학년들도 쉽게 이용 가능합니다. 메타버스 기술의 초석이 되는 VR과 AR을 게임하듯 재미있게 학습할 수 있고 학생별로 프로젝트를 관리할 수 있어 수업에도 적용하기 아주 좋은 에듀테크 프로그램입니다. 현재 전 세계의 많은 학교 및 기관에서 교육적 용도로 활용하고 있으며 다양한 오브젝트와 캐릭터를 활용하여 3D 모델링, 코딩, 게임 개발 등 4차 산업 시대를 살아갈 학생들의 소프트웨어 교육에 큰 도움을 주고 있습니다. 웹 기반 프로그램이라 인터넷이 연결되어 있는 곳 어디서든 접속이 가능하고 사용자의 스마트폰에서 구글 카드 보드 등 다양한 HMD를 통해서도 체험할 수 있습니다.

코스페이시스 에듀의 큰 장점은 다른 코딩 플랫폼이나 3D 디자인 툴에서 보기 힘든 물리적 기능을 적용해 오브젝트를 현실처럼 실감 나게 활용할 수 있다는 것입니다. 또한, 단순히 오브젝트의 디자인만 하는 게 아니라 움직임도 'CoBlocks'를 사용해 프로그래밍함으로써 3D 캐릭터를 더 실재감 있는 콘텐츠나 게임 등으로 제작할 수 있습니다. 캐릭터나 오브젝트의 옵션도 각각의 오브젝트 특성에 적합한 동작 표현(애니메이션) 기능까지 있어 학생들은 자신의 콘텐츠에 다양한 스토리를 상상해 입히기가 쉽습니다. 이외에도 수많은 장점이 있지만 한마디로 요약하자면 학생들이 3D 콘텐츠를 스스로 만들어 보는 경험을 통해 콘텐츠 생산자로서의 다양한 경험을 해볼 수 있다는 것입니다.

## 코스페이시스의 회원 형태

코스페이시스의 회원 형태는 교사 계정과 교사의 초대를 받고 입장한 학생 계정 이 두 가지로 나누어져 있습니다. 학생은 만 18세 이상의 사용 가능한 연령 제한이 있습니다. 교사의 학급 초대 전까지 [갤러리]라는 작품을 공유하는 공간에서 체험만 가능하고 직접 제작하기 위해서는 선생님의 초대를 받거나 또는 부모님 계정으로 회원가입하는 방법으로 사용이 제한됩니다. 간혹 만 18세 미만 학생의 경우 부모님의 동의를 받아 교사 계정으로 가입을 하기도 합니다만, 보통 교사가 구축한 학급 코드를 학생에게 공유하여 이용하도록 하고 있습니다.

▲ 코스페이시스 로그인 화면

▲ 학생과 교사 계정으로 나뉘며 학습 코드를 입력해 입장할 수 있다.

> **TIP** 간혹 학생들이 학급 코드 칸에 아무 글자도 입력되지 않는다고 항의하는 경우가 있습니다. 키보드의 키가 한글로 설정되어 있으면 입력되지 않으므로 영어로 입력 방법을 변경하시면 됩니다. 소문자로 입력해도 자동 대문자로 변환되니 대 · 소문자는 신경 쓰지 않으셔도 됩니다.

## 코스페이시스의 서비스 이용 조건

기본적으로 무료 버전인 베이직 플랜과 유료 버전인 프로 라이선스 플랜으로 나뉩니다. 베이직 플랜은 공간 제작과 학급 생성이 가능하고 학생 초대 인원도 30명까지 가능하지만 기본 블록만 제공되고 사용 가능한 오브젝트의 개수도 적어 공간을 형성하거나 캐릭터를 디자인할 때 다양하게 제작하기 어렵습니다. 반면에 프로 라이선스 플랜은 인원에 따라 금액이 조금 달라지지만 코스페이시스에서 제공하는 모든 오브젝트와 캐릭터를 사용할 수 있고 'CoBlocks'도 기본 블록 및 프로 블록과 TS(타입 스크립트)를 사용할 수 있습니다. 또 현재 베타 기능이지만 파이썬으로 프로그래밍도 가능합니다. 여러 면에서 베이직 플랜보단 프로 라이선스 플랜이 학급을 생성하는데 막강한 장점을 갖고 있습니다.

▲ 코스페이시스의 서비스 이용 조건

코스페이시스에서는 교사들에게 하나의 계정당 프로 라이선스 플랜을 한 달간 무료 체험판으로 제공합니다. 이 체험판을 활성화하면 한 달간 교사는 100명의 인원(학급 좌석수)까지 초대할 수 있고 모든 기능을 사용 가능하며 교사의 초대를 수락한 학생들 역시 교사의 권한을 그대로 이어받아 한 달간 무료로 이용 가능합니다. 체험판이 종료되면 학생들이 만든 콘텐츠는 보기만 가능하고 편집은 불가능합니다.

 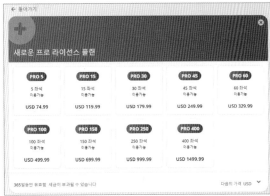

▲ 체험판이 종료되면 읽기만 가능해 이용권 구매를 추천드립니다.

## 코스페이시스 에듀에서 만든 3D 콘텐츠를 게더타운에 삽입하는 방법

코스페이시스는 게더타운 임베드가 가능한 웹 사이트입니다. 2차원의 게더타운 스페이스에 코스페이시스를 임베드 하면 3차원의 공간을 경험하는 연출이 가능해 재미있는 콘텐츠 활용이 될 수 있습니다. 코스페이시스의 공유 링크를 복사해 게더타운 웹 사이트 임베드 주소창에 붙여넣기 하면 게더타운에서 아래와 같은 화면을 확인할 수 있습니다. 더욱 자세한 설명은 QR 코드를 확인해 주세요.

▲ 게더타운 내에서 방향키로 이동 제어가 가능합니다

# 퀴지즈(Quizizz)

## 퀴즈를 풀며 즐겁게 공부하는 학습 플랫폼

퀴지즈(Quizizz)는 온라인 기반 학생 참여 활동을 돕는 퀴즈 플랫폼입니다. 먼저 교사는 퀴지즈에 회원가입 후 수업(Lesson)을 만들어 객관식, 체크박스, 괄호 넣기 등의 다양한 반응형 문항들을 제작할 수 있으며 완료된 퀴즈 문항들은 URL 링크를 학생들에게 공유해 참여와 응답을 유도할 수 있습니다.

URL quizizz.com

▲ 다양한 퀴즈를 풀어보며 즐겁게 공부할 수 있는 퀴지즈

퀴지즈 사이트에는 다른 교사들이 업로드한 퀴즈도 있어서 필요한 키워드를 검색해 학습에 도움이 될만한 퀴즈 링크를 가져오거나 자신이 만든 퀴즈 링크를 게더타운 오브젝트에 임베드 하여 참여자들이 퀴즈에 참여할 수 있도록 디자인할 수 있습니다.

# 퀴즈 프로젝트를 게더타운에 임베드하기

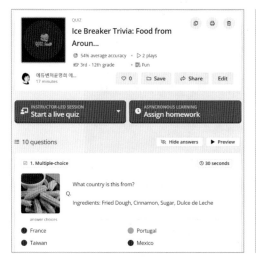
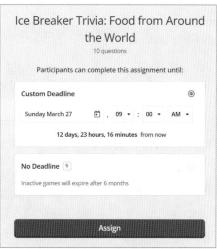

▲ 게더타운에 퀴즈를 임베드 하는 화면 더욱 자세한 설명은 QR 코드를 확인해 주세요.

게더타운에 퀴즈 프로젝트를 임베드 하기 위해선 먼저 제공한 퀴즈 프로젝트를 과제 파일로 만듭니다. 파일의 목록 버튼을 클릭합니다. 메뉴가 나타나면 'Copy link'를 선택합니다. 화면에 과제 파일 링크가 나오고 복사해 줍니다. 게더타운으로 이동해 웹 사이트 임베드 주소창에 링크를 붙여넣기 합니다. 게더타운에 퀴즈 링크를 삽입한 모습입니다. 이름을 입력하고 'Start'를 누르면 퀴즈를 풀 수 있습니다.

▲ 게더타운에 임베드 한 퀴지즈 화면

# 크롬 뮤직 랩(Chrome Music Lab)
## SONG MAKER

### 그림이 악보가 되는 마법

**URL** https://musiclab.chromeexperiments.com

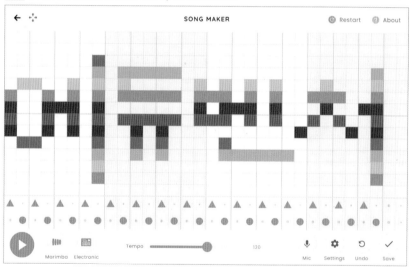

▲ 크롬 뮤직 랩의 Song Maker로 작곡을 하고 있는 장면

크롬 뮤직 랩은 구글에서 만든 크롬 브라우저를 이용해 음악을 재미있게 만들어보며 체험하는 사이트입니다. 많은 교사들이 크롬 뮤직 랩으로 음악, 과학, 수학, 예술 등을 연결 지어 실험하고 있습니다. 그중 'Song Maker'를 이용하면 노래를 만든 뒤 URL 링크로 다른 사람과 쉽게 공유할 수 있으며 음표가 아닌 선과 그림만으로 노래가 만들어지는 경험을 할 수 있습니다. 만들어진 노래에 멜로디를 입히고 리듬 악기를 골라 템포를 조절하면 직접 녹음도 가능합니다.

SONG MAKER에서 음악을 만든 뒤 저장 버튼을 누르면 곡을 공유할 수 있는 링크가 생성됩니다.

이 링크를 이용해 임베드 코드를 만들거나 음악 편집 프로그램에서 사용할 수 있는 MIDI 파일 또는 소리로 변환된 WAV 파일을 받을 수 있습니다.

Your song is saved at this link:

https://musiclab.chron

Copy Link

EMBED CODE ∨    DOWNLOAD MIDI    DOWNLOAD WAV

▲ 저장된 곡을 바로 공유하게 해주는 장면

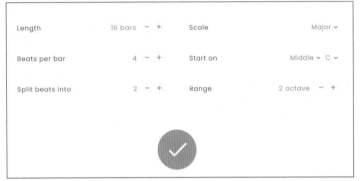

| Length | 16 bars − + | Scale | Major ∨ |
| Beats per bar | 4 − + | Start on | Middle ∨  C ∨ |
| Split beats into | 2 − + | Range | 2 octave − + |

▲ 곡 설정 화면 – 최대 16마디까지 만들 수 있습니다.

# 탱고(Tango)

## 튜토리얼 제작을 간단하게

탱고는 아이오라드와 유사한 앱으로 튜토리얼을 시연하면 마우스 클릭과 텍스트 입력을 감지해 자동으로 튜토리얼을 만들어 주는 앱입니다. 만들어진 튜토리얼은 아이오라드와 마찬가지로 링크를 통해 쉽게 전달할 수 있습니다.

**URL** https://www.tango.us

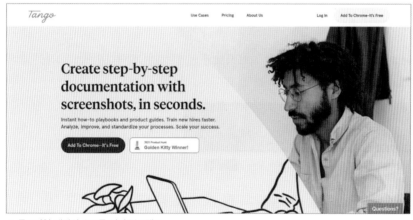

▲ 튜토리얼 제작의 수고를 덜어주는 탱고

탱고 역시 구글 계정을 이용해 싱글사인온으로 쉽게 로그인할 수 있으며 탱고에서 제공하는 확장 프로그램을 설치해 브라우저 창을 캡처할 수 있습니다. 아이오라드처럼 데스크톱의 PC 화면을 캡처할 수는 없지만 가지고 있는 이미지를 업로드하여 튜토리얼에 추가할 수 있습니다. 스텝과 내용을 한 화면에서 볼 수 있다는 장점이 있으며, 게더타운 웹 사이트 임베드 기능을 활용해 탱고에서 제작한 튜토리얼을 임베드 할 수 있습니다.

## 탱고 튜토리얼 파일 게더타운에 임베드하기

▲ 게더타운에 임베드 하는 방법의 자세한 설명은 QR 코드를 확인해 주세요.

게더타운에 탱고로 제작한 튜토리얼을 임베드 하기 위해선 먼저 'My Workflows'에서 임베드 하고자 하는 튜토리얼 파일의 목록 버튼을 클릭합니다. 메뉴가 나타나면 'Copy link'를 선택합니다. 화면에 튜토리얼의 링크가 표시되고 주소가 복사됩니다. 게더타운으로 이동해 웹 사이트 임베드 주소창에 링크를 붙여넣기 합니다.

탱고로 만든 튜토리얼의 링크를 게더타운의 오브젝트에 임베드하면 게더타운에서 아래와 같은 화면을 확인할 수 있습니다.

▲ 탱고 튜토리얼 파일을 게더타운에 성공적으로 임베드한 화면

# 패들렛(Padlet)

## 완벽한 공동작업의 미학

패들렛(Padlet)은 사람들이 만든 콘텐츠를 다른 사람들과 공유하는 데 사용하는 웹앱입니다. 다른 웹앱들과 마찬가지로 구글 계정을 통한 싱글사인온이 가능하여 쉽게 로그인할 수 있습니다. 패들렛 이라는 가상의 게시판을 통해 콘텐츠를 업로드하고 구성할 수 있어 많은 사람들이 다양하게 활용하 고 있으며, 링크, 이메일, QR 코드 등을 통해 쉽게 공유할 수 있습니다.

URL `padlet.com`

패들렛 역시 게더타운의 웹 사이트 임베드로 삽입이 가능합니다. 패들렛의 공유 링크를 게더타운 오브젝트의 웹 사이트 임베드 주소창에 붙여넣기해 사 용합니다.

에필로그
Epilogue

# 메타버스 시대를 어떻게 준비할까요?

## 202N년의 키워드 : 메타버스

매년 1월 미국 라스베이거스에서 개최하는 최대 규모의 가전제품 전시회 CES¹의 2022년 대표 키워드는 메타버스였습니다. 삼성전자는 디센트럴랜드(Decentraland) 플랫폼을 이용해 '837X'라는 가상 스토어를 오픈했으며, '837X' 매장은 실제 뉴욕시의 '삼성 837' 매장을 본떠 만들었습니다. 이곳에서는 아바타가 착용할 수 있는 다양한 아이템을 NFT화해서 나누어주는 깜짝 이벤트를 진행했는데 유료 아이템과 유사한 소위 '템빨'을 보여줄 수 있는 행사에 많은 사람들이 벌떼처럼 몰렸습니다.

출처 삼성전자

▲ 메타버스 플랫폼 '디센트럴랜드'에 구현된 삼성전자의 '837X'숍 전경

현대자동차는 'CES 2022'에서 '메타팩토리'라는 기술을 선보였습니다. '메타팩토리'는 말 그대로 로보틱스 기술과 메타버스를 연계한 디지털 트윈으로 890km 떨어진 공장의 상황을 노동자가 집에서 모니터링하며 로봇을 제어하는 기술입니다. 이 기술은 현재 인간-로봇-디지털 기술의 협업을 통한 제조 혁신 분야의 하나로 주목받고 있습니다.

---

1 **CES** : 1967년부터 매년 미국 소비자 기술협회(CTA : Consumer Technology Association)가 주관하는 세계 최대 규모의 ICT 융합 전시회

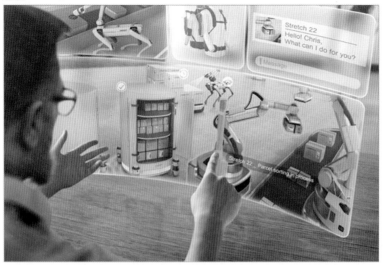

▲ 메타팩토리 기술을 보여주는 장면

## 왜 지금 메타버스가 각광을 받을까요?

교통수단의 발달로 전 세계가 1일 생활권이 되었지만 물리적인 위치는 여전히 중요합니다. 왜냐하면 '위치'는 우리의 생활, 문화, 인간관계와 심지어 직업 선택에도 중대한 영향을 미치기 때문입니다. 예를 들어 같은 곳에서 나고 자라 그곳만의 분위기, 정서 등 여러 경험을 공유한 구성원들은 자연스레 유대감을 형성하고 비슷한 것에 관심사를 표출하며 성장합니다. 이러한 현상은 인류 역사에서 수천 년 동안 이어져 왔습니다. 오늘날 이동 수단의 다양화로 많이 약화되었지만 물리적인 위치는 우리의 삶에 많은 영향을 미칩니다. 그래서 이사를 가게 되거나 지리적 환경이 변한 사람들은 종교 활동이나 동아리 등을 통해 같은 관심사를 갖는 사람들을 만나려는 것이겠죠.

필자 또한 어릴 때 여러 번 이사를 했는데 이 경험은 지금도 가슴 한편에 슬픈 기억으로 남아 있습니다. 이사할 때마다 정든 친구들과 이별해야 했고 버스 몇 정거장이면 갈 수 있는 짧은 거리라도 지금과 다르게 연락 수단이 한정적인 시대였기에 내가 살던 동네를 떠난다는 것은 그 동네와 연결된 모든 것을 끊고 간다는 것이었습니다. 어린 나이였음에도 충격이 컸고 친구를 사귀기가 점점 힘들었습니다. 항상 모든 사람들 앞에 떳떳하게 나서던 외향형 아이였는데 어느 순간 깊은 내향형 인간으로 성장해 있었습니다.

그리고 결혼해 아이를 낳게 되고 그 아이가 자라며 몇 번의 이사를 더 하게 되었는데요. 어느 날

제가 성장하며 느꼈던 슬픔과 아이의 슬픔은 완전히 다르다는 것을 알게 되었습니다. 자주 놀던 친구들과 헤어지는 건 아쉽고 슬프지만 과거와 다르게 요즘은 보고 싶으면 자동차로 이동해 언제든지 만날 수 있고 할 얘기가 있으면 스마트폰으로 전화를 하거나 이메일을 보내고 서로의 SNS로 소식도 주고받기 때문에 각기 다른 장소에 있어도 연결되어 있다는 느낌은 사라지지 않는 것입니다. 이러한 일련의 사건이 저에게는 정말 충격이었습니다.

1991년 WWW(월드와이드웹)가 처음 소개되고 이제 겨우 30여 년 지났을 뿐인데 세계는 많이 변화했습니다. 유튜브에서 먹방을 보거나 여행하는 것을 보여주며 부의 축적이 가능한 세상에 디지털 노마드들이 인터넷을 통해 일하며 주거지를 마음대로 옮겨 다니는 세상 '오징어 게임'이나 '이상한 변호사 우영우' 같은 한국의 드라마가 OTT 서비스로 전 세계의 디지털 기기에서 실행되고 있는 것은 어쩌면 이전 세대에게는 절대 꿈꾸지 못했던 세계입니다.

X세대와 MZ세대는 온라인 세상을 굉장히 많이 경험했습니다. MZ세대 이후의 세대는 더 빠르게 온라인으로 인간관계를 형성할 것입니다. 여기에서 메타버스는 이전과는 또 다른 의미의 인간관계를 만들고 어디에 있든 전례 없는 기회에 접근할 수 있는 가능성을 창출할 것입니다.

## The best is yet to come

메타버스는 3D 가상현실에 기반해 현실의 정보들이 상호적으로 반영되어야 합니다. 그곳에서 근무하며 사용자가 만든 오브젝트를 설치하고 나아가 관공서의 기능도 실현되어야 비로소 메타버스라 할 수 있습니다. 메타(전 페이스북)와 마이크로소프트를 포함한 빅테크 기업들은 천문학적인 돈을 들여서 10년 뒤 미래를 준비하고 있습니다. 현재 메타버스는 막 태동하는 개념이라 하루로 생각하면 여명도 아닌 미명에 가깝습니다. 그러나 과거 영화와 소설 속에서 떠들던 미래의 모습이 마치 꿈만 같았던 것처럼 메타버스도 어느 순간 갑자기 현실이 되는 날이 올 수 있습니다.

그럼 어떻게 메타버스는 발전할까요? 쉽게 답하기는 어렵습니다. 웹 1.0에서 2.0시대를 이끌었던 기술의 발전 뒤에 프로그램 표준화 작업이 있었듯이 메타버스 역시도 서로 다른 플랫폼 사이에 자유로운 자원 공유가 가능하도록 표준화 작업이 진행되어야 합니다. 회사마다 사용하는 컴퓨터 언어도 다르고 엔진도 다양해 아마 자금력이 풍부한 몇몇 회사만이 메타버스 세상을 이끌어 나가게 될 것입니다.

또 물리적 세계에서 가상세계로 들어가기에는 어려운 요소들이 많습니다. 팬데믹 이후에 'Zoom' 등 화상회의를 경험해 본 분들은 이런 말씀도 합니다. '화상회의도 충분한데 굳이 캐릭터까지 조작해서 아바타를 움직여야 하나? 쓸데없는 것 같아' 메타버스는 단순히 아바타를 조작하는 것이 아닙니다. 아바타라는 페르소나² 를 가지게 되는 것입니다. 그리고 이 페르소나는 다양한 상황을 연출합니다. 예를 들어 대면 수업에서는 쉽게 질문하지 못했던 학생이 아바타 수업에서는 활발히 질문하는 사례가 많습니다. 대면 상황에서는 차별을 받던 장애인들이 메타버스 플랫폼에서는 자유롭게 이동하며 차별받지 않습니다.

기업과 사회가 메타버스에 집중하는 것은 아마도 이런 사회적인 가치들이 있기 때문일 것입니다. 어렵기는 하겠지만, 사회적으로 디지털 리터러시에 대한 교육과 이런 새로운 기술들을 사용해 보고 사용자 경험과 인터페이스를 평가해 제안하는 여러 시도들이 연령대별로도 필요합니다.

짧으면 5년, 길면 10년 뒤에 저는 아주 높은 핍진성(逼眞性, verisimilitude)³ 을 갖으며 햅틱⁴ 면에서도 실재감과 무게감을 느낄 수 있는 메타버스가 개발될 것이라 생각합니다. 그때가 되면 정말 전 세계는 영화 레디 플레이어 원과 같은 세계가 될 수도 있고 오히려 반대로 메타버스가 시들해질 수도 있습니다.

그럼 미래에 메타버스 플랫폼이 어떻게 될지 모르니 지금은 그냥 손을 놓고 있는 게 맞을까요? 아닙니다. 결국 세상을 움직이는 퍼스트 무버(First-Mover)들이 있고 그것들을 다양하게 활용해 본 얼리어답터(Early-Adopter)들이 시장을 선점하게 될 것입니다. 그런 면에서 사람들이 자주 언급하는 플랫폼을 최소한 '찍먹'이라도 해보는 것, 즉 조금이라도 체험해 봐야 새로운 통찰력을 갖게 됩니다.

확실한 것은 여전히 글로벌 기업들은 메타버스를 통해 전 세계를 연결하려는 시도를 계속하고 있습니다. 수많은 기업이 메타버스에 뛰어드는 것에는 분명한 이유가 있습니다. 어떤 형태의 메타버스가 발표될지 기대를 안고 지켜보는 것은 미래를 준비하는 데 큰 도움이 될 것입니다.

메타버스는 물리적 환경을 뛰어넘는 새로운 기회로 다가오고 있습니다. 이 책이 새로운 기회의 디지털 세계를 여행하는데 작은 이정표가 되기를 기대합니다. 감사합니다.

---

2  **페르소나** : 사회 안에서 주변 사람들에게 자기 자신의 모습이 어떻게 보이는가를 중요시 여겨 본성과는 다른 모습의 가면을 쓴 모습

3  **핍진성(逼眞性)** : 진실에 가까운 정도. 진실과 거짓의 구분이 분명하지 않은 시점에서 그것을 경험하는 사람이 진실에 가깝다고 받아들일 수 있다면 핍진성이 높은 것이다.

4  **Heptic** : 말 그대로 촉각을 의미한다. 그동안은 진동 정도에 그쳤는데 점차 질감과 역감까지 느껴지는 연구가 진행되고 있다.

혼자 공부하기 힘드시다면 방법이 있습니다.
시대에듀의 동영상강의를 이용하시면 됩니다.
www.sdedu.co.kr → 회원가입(로그인) → 강의 살펴보기

**메타버스로 로그인하라 —** 게더타운·젭·스팟 플랫폼 사용설명서

| | |
|---|---|
| 초 판 발 행 | 2022년 09월 15일 |
| 발 행 인 | 박영일 |
| 책 임 편 집 | 이해욱 |
| 집 필 | 김정준 · 윤명희 · 이기정 · 이서영 · 박영숙 |
| 편 집 진 행 | 성지은 |
| 표지디자인 | 김지수 |
| 편집디자인 | 임옥경 |
| 발 행 처 | 시대인 |
| 공 급 처 | (주)시대고시기획 |
| 출 판 등 록 | 제 10-1521호 |
| 주 소 | 서울시 마포구 큰우물로 75 [도화동 538 성지 B/D] 9F |
| 전 화 | 1600-3600 |
| 팩 스 | 02-701-8823 |
| 홈 페 이 지 | www.sdedu.co.kr |
| I S B N | 979-11-383-3006-0 (13000) |
| 정 가 | 24,000원 |